CHARLES M. SCHUL

PEANUTS®

KLASSIKER DER COMIC-LITERATUR

02
Band

Bibliografische Informationen Der Deutschen Bibliothek
Die Deutsche Bibliothek verzeichnet diese Publikation in der
Deutschen Nationalbibliografie; detaillierte bibliografische
Daten sind im Internet über http://dnb.ddb.de abrufbar.

KLASSIKER DER COMIC-LITERATUR
BAND 02

PEANUTS
Charles M. Schulz

Frankfurter Allgemeine Zeitung GmbH
Hellerhofstraße 2–4
D–60327 Frankfurt am Main

Projektleitung: Dr. Jan P. Klage, Andrea Bürger
Einleitung: Patrick Bahners
Redaktionelle Bearbeitung: Andreas Platthaus
Umschlaggestaltung: Scholz & Friends, Berlin

PANINI COMICS

Geschäftsführer: Frank Zomerdijk
Director of Publishing Panini Comics Deutschland: Tony Verdini
Director of Publishing Panini Comics Group: Marco M. Lupoi
Koordination: Michael Leimer
Redaktionelle Betreuung: Francesco Meo
Gestaltung Innenseiten, Art Director: Mario Corticelli
Grafische Gestaltung: Nicola Spano

Druck und Bindung:
Rotolito Lombarda, Milano

ISBN 3-89981-083-X

Patrick Bahners

Der Kürbis spricht, ich muß träumen: Das gelobte Land der „Peanuts"

Die Regeln sind dieselben wie beim Scrabble. Eigennamen sind nicht gestattet in den Buchstabierwettbewerben, durch die man in den amerikanischen Schulen die klaren Denker von den Wirrköpfen unterscheidet. Nur Begriffe sind zugelassen, Wörter, die etwas bezeichnen, das in mehr als einem Exemplar vorhanden ist. Personen, die gleich geschaffen sind, aber alle in jeweils individueller Art nach Glück streben und auf Unglück stoßen, stehen unter dem Schutz eines Gebotes, das in der Alten Welt nur Gott zugute kam, aber in der Republik jedermanns gutes Recht beschreibt: Namen soll man nicht mißbrauchen, nicht zum Spielzeug und Witzobjekt machen.

Die Liste, in der diese Anweisung fast ganz oben steht, wird in der Schule eifrig studiert, darf im Klassenzimmer allerdings nicht an die Wand gehängt werden. Und erst recht nicht an die Mauer des Schulgebäudes. Das jedenfalls lesen die amerikanischen Gerichte zwischen den Zeilen der amerikanischen Verfassung. Zwar werden die reichen kleinen Gehirne von der ersten Schulstunde an vollgestopft mit den Namen der Präsidenten, und das Tafelbilderrätsel, wen der Zylinderhut über dem Vollbart darstellen soll, können wohl schon Erstkläßler lösen. Aber im „spelling bee" wird „Lincoln" nicht als Aufgabe gestellt und „Bush" wahrscheinlich auch nicht, obwohl man so ja auch den Begriff für das Gewächs schreibt, hinter dem man sich verstecken kann, wenn man beispielsweise nicht nach Vietnam eingezogen werden will.

„God" ist wegen der Trennung von Staat und Kirche sowieso tabu, obwohl man auch den Begriff für höchste Wesen im allgemeinen aus diesen drei Buchstaben basteln kann, denn Jefferson und vielleicht auch Lincoln dachten, wenn sie von Gott sprachen, nicht an den alten Herrn mit weißem Bart, den Vetter des Weihnachtsmanns. Der Gott der Philosophen ist Individuum nur in dem Sinne, wie auch das Schicksal unteilbar ist, der Regen, der auf Gerechte und Ungerechte niedergeht. Ein Individuum, ob strichpunktklein oder erdkreisgroß, scheidet als Prüfungsstoff für Buchstabierer per definitionem aus, denn es läßt sich eben nicht zerteilen, und das klare Denken, das in diesem Nationaldenksport eingeübt wird, ist das analytische, das Zerlegen.

Kein Heimspiel für Charlie Brown, den Träumer mit kompliziertem Gemüt, als er am 9. Februar 1966 vor seine Klasse trat in der ersten Runde des Ausscheidungskampfes, dessen Finale alljährlich in Washington stattfindet. Er verstand den Begriff durchaus, den seine Lehrerin ihm vorlegte. Das sehen wir schwarz auf weiß in der Sprechblase des zweiten Bildes des Tagesstreifens, hier ist das Wort richtig geschrieben: „maze". Die Lehrerin und die Mitschüler sahen das nicht und konnten naturgemäß auch nicht hören, daß der Kognitionsapparat korrekt funktionierte. Sie werden aber dem Kandidaten zugestimmt haben, der vor der schwarzen Tafel keineswegs im Dunkeln tappte, sondern selbstbewußt erklärte: Das ist einfach! „Maze" ist das Labyrinth, das sich im Englischen viel einfacher schreibt als im Deutschen. Wie kompliziert die Welt auch sein mag, der rote Faden der Buchstabenfolge macht alles simpel. Man muß schon mit dem Wirrkopf gegen die Wand rennen, um bei diesem Wort Eingang und Ausgang nicht zu finden: Das kennt nun wirklich jedes Kind.

Doch was immer in diesem Augenblick in Charlie Browns großem runden Kopf herumgeht, es biegt um die falsche Ecke, geht in die Irre und führt ihn auf den Sportplatz. Seine Auflösung des

Ausgewählt vom F.A.Z.-Feuilleton

Rätsels: M-A-Y-S. Charles M. Schulz verwendet ausschließlich Großbuchstaben in seinen Sprechblasen und wählt extra große für diese vier Trompetenstöße des vermeintlichen Triumphators. Größere nur noch im vierten und letzten Bild für den einzigen unartikulierten Aufschrei des erlegten Menschenrestes; dem aufgerissenen Mund des Getroffenen, dessen Höhle so schwarz ist wie die Tafel, entweicht ein Weltschmerzenswort, das sich nun wirklich nur noch auf dem Papier und nicht im Vortrag auseinandernehmen läßt: AAUGH! Eben stand da noch einer, der wie ein Musterschüler aussah, ein Streber wie jeder andere, der von allem was versteht, ohne im Lexikon nachzusehen, und vier vorlaut gespuckte Töne später ist es wieder nur Charlie Brown, mit dem niemand tauschen will, in den Augen der Kinder unverbesserlich und unbelehrbar, Inbild des Malheurs der Individualität.

Und dabei hat er doch bis zum zweiten Buchstaben einschließlich alles richtig gemacht und auch den dritten und vierten noch richtig gemeint. Er sah sich schon in der Hauptstadt als letzten verbliebenen Mitspieler mit dem letzten Wort auf der Zunge – da rutschte ihm statt des Begriffs ein Name heraus, der Nachname des Mannes, der der Inbegriff des geborenen Siegers ist. Willie, du bist ein Baseballgott! Ein Kenner nannte Willie Mays, geboren 1931, der 1951 debütierte und 1973 zurücktrat, den vielleicht größten Baseballspieler aller Zeiten – der Kenner war Charles M. Schulz, in einem langen Interview mit Gary Groth, das im Dezember 1997 im „Comics Journal" gedruckt wurde. Einmal im Stadion Augenzeuge gewesen zu sein, wie Willie Mays spielte, das war der innigste Wunsch von Schulz, der in seinem eigenen Beruf alle Rekorde gebrochen hatte. Als er nach fünfzig Jahren sein kleines Welttheater schloß, bezogen mehr als 2600 Zeitungen die „Peanuts" vom United Features Syndicate in New York, das ihn 1950 unter Vertrag genommen hatte. Der Schöpfer schätzte seine Leserschaft auf mehr als 200 Millionen.

Ihm war auf dieser Welt keine Ruhe vergönnt: Sechs Tagesstreifen und eine Sonntagsseite von drei Streifen hatte er pro Woche zu fabrizieren – wobei er sich nie zur Fabrikproduktion verführen ließ. Er beschäftigte in seinem kalifornischen Atelier weder Gagschreiber noch Ghostzeichner. Sein Stolz war es, daß er sich die Feder nicht aus der Hand nehmen ließ. Er starb am Tag vor der Veröffentlichung seiner letzten Sonntagsseite, dem 12. Februar 2000. Auch das Lettering hat er nicht delegiert. Eigenhändig füllte er seine

Sprechblasen, um sich in letzter Minute noch ins Wort fallen zu können: Wer A schrieb, mußte auch B zeichnen.

Comic-Zeichner war immer sein Traumberuf gewesen, aber seine erste Anstellung hatte er als Buchstabenmaler erhalten. Charles M. Schulz, geboren 1922, wuchs in Minnesota im Mittleren Westen auf, in den Zwillingsstädten Minneapolis und St. Paul. Sein Vater hatte deutsche Vorfahren und war wie Charlie Browns Vater Friseur. Er las am Abend keine Bücher, sondern die Zeitung, hauptsächlich den Sportteil und die Comics. War die Comic-Beilage ausgelesen, nahm der Sohn sie an sich, um beispielsweise „Krazy Kat" abzuzeichnen, George Herrimans Szenen aus einem eigentümlich flachen und eigensinnig leeren Grenzland, wo drei einsame Gestalten für narrative Höhepunktketten sorgen, eine liebestolle Katze, eine hinterlistige Maus und ein Hund im Polizeidienst. Schulz steckte später einen Beagle in die Soldatenuniform, die er selbst von 1943 an getragen hatte. Jahr für Jahr besuchte Snoopy am Tag der Veteranen, dem 11. November, seinen alten Kumpel Bill Mauldin, um mit ihm ein paar Malzbiere zu zischen.

Mauldin wurde berühmt durch seine Witzzeichnungen in der Armeezeitung „Stars and Stripes", die den Krieg als Alltag schilderten, aus der Sicht zweier Rekruten mit den Allerweltsnamen Willie and Joe. Obwohl Schulz nach der High School einen Fernkurs im komischen Zeichnen absolviert hatte, wagte er es nicht, sich zum Dienst mit der Feder zu melden. Er gehörte der zwanzigsten gepanzerten Division an, die Dachau befreite. Nach dem Sieg zog er wieder bei seinem Vater über dem Friseursalon ein. Arbeit gab dem Lutheraner ein katholisches Verlagshaus in St. Paul: als Sprechblasentextschreiber für ein frommes Comic-Heft.

Obwohl der Heftitel „Timeless Topix" Wahrheiten ohne Verfallsdatum in Aussicht stellte, war es Schulz' Schnelligkeit, die das Herz des Chefredakteurs erfreute. In seiner Freude legte er noch ein paar Seiten dazu, die Schulz in Nachtschichten bearbeitete und frühmorgens vor dem Büro des Chefs deponierte. Das möge sich anhören nach dem sprichwörtlichen Übereifer des jungen Abraham Lincoln, scherzte er ein halbes Jahrhundert später, „aber für mich war es das, was ich tun wollte". So sicher war er in seinem prosaischen Metier,

daß er ohne Hilfslinien und Schablonen auskam. „Das war ein gutes Training für mich."

Der Verlag stellte auch Druckvorlagen für das spanischsprachige Ausland her: Hier kam es nur noch auf Buchstabentreue und gar nicht mehr auf Textverständnis an. Der Schreibmaschinist mag um so mehr geschafft haben, je weniger er sich zurechtfand. Und aus dem Labyrinth der Fachausdrücke, die nur Priester verstanden, könnte ihm bisweilen die Traumgestalt des durchgreifenden Durchblicks entgegengekommen sein, die Vision des Sportlers, der Herr seiner Bewegungen ist und mit einem Schlag alles entscheiden kann. Charlie Brown, der im unglücklichsten Augenblick Willie Mays als Schutzheiligen anfleht, trainiert selbst ein Baseballteam, das ebenfalls einen Rekord hält – als schlechteste Mannschaft aller Zeiten.

Wer spricht von Siegen? Baseball erscheint bei den „Peanuts" als Zeitvertreib im buddhistischen Wortsinn. Bevor der Ball geworfen und zwangsläufig verfehlt wird, steht das Leben still, öffnet sich ein Raum nicht der Hoffnung, sondern der Erwartungslosigkeit, ein Zwischenraum der Sinnfreiheit gleich der Leere zwischen zwei Buchstaben. Auf dem Hügel des Werfers entspinnt sich eine Disputation über das Buch Hiob, und inmitten der weisen Worte weiser Jungmänner läßt sogar Charlie Brown das Klagen.

Fortlassenkönnen: Das ist von der ersten Folge vom 2. Oktober 1950 an die Kunst des Charles M. Schulz. Wie er die reine Lehre der zeitlosen Topik sofort ins Reine schrieb, so erfaßte er ohne Bleistiftvorzeichnungen das Gestenrepertoire der Unsicherheit, das die „Peanuts" charakterisiert, von Charlie Browns Weltsondierung aus dem Augenwinkel über die Haare, die dem altklugen Linus runzelgleich in die Stirn fallen, bis zum Zickzackkurs von Snoopys geflügeltem Freund Woodstock. Den Radiergummi brauchte er selten, da die gesamte Bildfläche Tabula rasa ist. Nach und nach hat er die realistische Ornamentik einer von Erwachsenen scheinbar kindgerecht eingerichteten Umwelt verworfen, angefangen mit dem Spielzeug. Die von Snoopy unklugerweise herausgeforderte Nachbarskatze, die nie etwas von sich sehen läßt außer dem Loch, das sie mit schöner Regelmäßigkeit in die Hundehütte reißt, könnte Schulz als Wappentier dienen: An der Pranke erkennt man den Löwen.

In der Reduktion der Mittel, dem Bruch mit der Imitation kinematographischer Konventionen, sah Schulz selbst seinen Beitrag zur Formentwicklung des Comic-Strips. Er nahm allerdings nicht Originalität für sich in Anspruch, sondern erteilte den Rat eines erfahrenen Mannes: Dank jahrzehntelanger Übung verstehe er von seinem Geschäft mehr als irgend jemand sonst. Das Geheimwissen des Gewerbes lag sozusagen auf der Hand, weswegen es auch Meistern unbekannt blieb, die es durchaus zur Anwendung brachten. Für den Zeitungscomic verbietet sich ein barocker oder manieristischer Stil, weil es undenkbar ist, den Leser jeden Morgen neu zu überwältigen. Der Kosmos der „Peanuts" ist nicht perspektivisch konstruiert. Wir können die Figuren nicht von allen Seiten betrachten, und ebendeshalb wirken sie so lebendig. Wie es sein kann, daß Snoopy auf dem First seiner Hundehütte schläft oder eine Schreibmaschine im Gleichgewicht hält, fragen wir uns nicht, weil wir die Hütte nie von vorne sehen.

In einem präzisen Sinne läßt sich bei den „Peanuts" von einem visuellen Vokabular sprechen. Wegen des Verzichts auf alles ablenkende Beiwerk kann man diesen Comic tatsächlich lesen – wie wir ein Wort verstehen, indem das Auge die Buchstaben überfliegt und auseinanderhält. Schröders Kinderpiano, bei dem die schwarzen Tasten nicht angeschlagen werden können, ist das Symbol dieser auf chromatische Valeurs verzichtenden Ästhetik.

Als Lucy ihren Bruder Linus einmal aufforderte, nach dem Vorbild des jungen Abraham Lincoln Feuerholz ins Haus zu holen, da versetzte sie ihn zweimal in eine solche Panik, daß er seine Last von sich warf: sie behauptete, auf den Scheiten sitze eine Spinne. Es war nur ein Schmutzpartikel. Horror ist, was sich bewegt. Die Geschwister van Pelt sind Kinder der fünfziger Jahre als

Fanatiker der Reinlichkeit. Sie machen sich ein Bildnis von sich selbst, in dem der Fliegendreck nicht vorkommt, der die Welt unleserlich macht. Schulz erweist der Integrität solcher Selbstbilder Respekt, indem er sie in der komischsten Weise allen Angriffen standhalten läßt. Lucy, die von ihrem Willen, den blasierten Künstler Schröder zu heiraten, durch keine Demütigung abzubringen ist, verliert sowenig ihre Würde wie Don Quixote.

Die Formelhaftigkeit der wiederkehrenden Situationen wird nicht langweilig, da sie von vornherein am Tag liegt. Ebenso wird es niemandem einfallen, an den aus Punkt, Punkt, Komma und Strich zusammengesetzten Rundköpfen die individuellen Züge zu vermissen. Im Falle Charlie Browns ist auch der Name denkbar unindividuell. Seine Freunde verwenden ihn als Begriff: „Armer Charlie Brown! Von allen Charlie Browns der Welt ist er der Charliebrownste!"

Schulz borgte sich den Namen von einem Kollegen in der Kunstschule, deren Fernkurs er so erfolgreich gemeistert hatte, daß er in den Lehrkörper aufgenommen wurde. Als der Taufpate die Entwürfe sah, bemerkte er bedauernd, er hätte lieber wie Milton Caniffs Steve Canyon ausgesehen. Das war eben seine Tragik, für Charlie Brown hält das Leben nur Enttäuschungen parat. Steve Canyon war ein Luftwaffenpilot, die Inkarnation des uramerikanischen Helden im technischen Zeitalter. Was an Charlie Brown rund ist, ist bei Steve Canyon eckig. Immerhin ist diese Orthogonalität – das Kinn macht den Nationalcharakterkopf, auch im Krieg geht es mit rechten Dingen zu – ein interessanter Beleg für Schulz' Theorie von der natürlichen Über- legenheit des Minimalsystems im Zeitungscomic. Ordnung muß sein, bei der Wachablösung auf dem Luftwaffenstützpunkt wie bei der ewigen Wiederkehr des im letzten Moment weggezogenen Footballs. An der Wand seines Ateliers hatte Schulz ein Original von Milton Caniff hängen, eine Sonntagsseite von 1981: Steve Canyon wird von den Deutschen beinahe abge- schossen und von einem unbekannten Fliegeras geret- tet, das im letzten Bild mit der Pfote salutiert.

Nach Caniffs Tod 1988 zeichnete sein alter Kumpel Bill Mauldin die letzte Folge von „Steve Canyon". Mauldin hat über Schulz gesagt, er sei, wie alle Cartoonisten, „im Herzen ein Prediger". Schulz hat die- ser Charakteristik des eigenen Berufsstandes wie der eigenen Per- son zugestimmt. Aber was ist seine Botschaft? Einige Jahre erteilte er Unterricht in einer methodistischen Sonntagsschule. Auf Dauer wollte er das Evangelium nicht ausbuchstabieren. Die wahre Theologie sei, daß es keine Theologie gebe. Völlig aufgelöst kam

Sally eines Tages nach Hause. Flüsternd verriet sie ihrem Bruder Charlie Brown, welcher Schreck ihr in die Glieder gefahren war: „Wir haben heute in der Schule gebetet!" Beide Seiten in dem Kulturkrieg, der in den Vereinigten Staaten um die Frage des Schulgebets tobt, wollten diesen Tagesstreifen in ihrer Propaganda verwenden. Beiden verweigerte Schulz die Abdruckgenehmigung.

Es ist aufschlußreich, daß man aus seinem Kommentar auf seine persönliche Überzeugung nicht schließen kann. Diese Überzeugung besagte, daß das Gebet Privatsache ist und in der öffentlichen Schule keinen Ort hat. Bei den „Peanuts" treten die natürlichen Autoritätspersonen, Eltern und Lehrer, nicht ins Bild. Sie kommen noch nicht einmal zu Wort. Die Welt der Kinder, die nicht erwachsen werden, vertritt die amerikanische Utopie der souveränen Privatsphäre, wie sie in der Verfassung durch das Verbot einer Staatskirche garantiert wird. Es darf sich jeder seinen eigenen Gott machen. Der eine lernt Lincolns Gettysburg-Ansprache auswendig, der andere setzt sich an Halloween ins Kürbisfeld und wartet darauf, daß der große Kürbis spricht.

Charles M. Schulz hat wie sein Vater Republikaner gewählt und Sportler vergöttert. Als seinen größten Triumph beschrieb er im Gespräch mit Groth den Moment, als er dem Syndikat drohen konnte, die Serie einzustellen, wenn ihm nicht die Entscheidung über die Vermarktung zugestanden würde. „Sie sind einem dann ausgeliefert, wie der Eigentümer eines Baseballclubs in den Händen von Willie Mays ist." Heil ist die Welt nicht, die Charles M. Schulz aus Privatestem geschöpft und in die Öffentlichkeit gestellt hat. Hinter jedem Wurf, jedem Fang, jedem Treffer steckt eine Kränkung, ein Komplex, ein Verlust. Mit einem guten Erwachen darf der Träumer nicht rechnen. Charlie Brown kann damit leben, daß er ausgelacht wird, wenn er sich verrennt. Das ist nicht weiter schlimm. Aber der Name Mays wird zum Gespött der Leute! Entsetzlich!

PEANUTS®

FÜR EINE HANDVOLL ERDNÜSSE

PEANUTS

ENDLICH ZU HAUSE

Text und Zeichnungen · Charles M. Schulz

Übersetzung · Reinhard Schweizer

Lettering · Lucia Truccone

JOE SCHLABOT

JOE SCHLABOTNIK FAN-MAGAZIN
NUMMER 1

3-7-04

© 1970 United Feature Syndicate, Inc.

www.snoopy.com

LIEBE FANS VON JOE SCHLABOTNIK, JETZT IST ES BALD WIEDER FRÜHLING, UND JEDER FREUT SICH AUF DIE NEUE BASEBALL-SAISON.

UNSER HELD SPIELT AUCH DIESES JAHR WIEDER FÜR DIE HILLCREST KNIGHTS.

ES WÄRE TOLL, WENN ICH AUCH PHOTOS IN MEINEM FAN-MAGAZIN HÄTTE... ABER ICH WEISS NICHT, WIE ICH SIE DRUCKEN SOLL...

LETZTES JAHR ERZIELTE JOE 143 PUNKTE UND ER FING SOGAR EIN PAAR BESONDERS GEMEIN GEWORFENE BÄLLE. UND GENAU DESHALB BEWUNDERN WIR JOE SO SEHR.

JA, LIEBE FANS, DAS WAR EINE WEITERE AUSGABE EURES FAN-MAGAZINS. EURE MEINUNG IST STETS WILLKOMMEN.

SO EIN KÄSE.

DAS MIT DER MEINUNG SOLLTE ICH WEGLASSEN...

SCHULZ

WAS MACHST DU DA, LINUS?

ICH MALE EINE KARTE ZUM MUTTERTAG.

DU **MALST** EINE?!

WIESO KAUFST DU NICHT EINFACH EINE – SO WIE ICH? SCHAU MAL...

HMM, NETT... DARF ICH DEN SPRUCH LESEN?

NUR ZU..

"LIEBE MAMA, ICH HABE DIESE KARTE VON MEINEM EIGENEN GELD GEKAUFT, ANSTATT DIR SO EINE GEMALTE ZU SCHENKEN, WIE DAS MANCHE GEIZIGE JUNGEN TUN."

5-11-03

HEUTZUTAGE KRIEGT MAN FÜR JEDE GELEGENHEIT DIE PASSENDE KARTE.

19

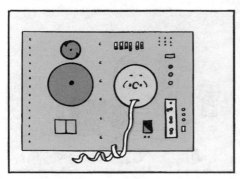

WUSSTEST DU, DASS ES SECHS MILLIARDEN, FÜNF-HUNDERTELF MILLIONEN UND VIERHUNDERTELF-TAUSEND MENSCHEN AUF DER WELT GIBT?

HM, DIE ZAHL ERSCHEINT MIR ETWAS NIEDRIG...

GERADE LETZTE NACHT LAG ICH IM BETT UND HABE GENAU DARÜBER NACHGEDACHT... ICH KAM AUF EINE VIEL HÖHERE ZAHL...

ALSO DA WÄREN MARTHA UND TIM UND PAUL UND GEORG UND JUDITH UND GREGOR UND SUSI UND THOMAS UND PEGGY UND JENS UND BETTINA UND PETER UND SIGRID...

UND NATÜRLICH MARGOT UND ROBERT UND WALTER UND SYBILLE UND BIRGIT UND SANDRA...

UND DANN NOCH NICK UND ELEONORA UND KURT UND DORIS UND NAOMI UND RICHARD UND OTTO UND JULIA UND TONY UND REINHARD UND MECHTHILD UND LUDWIG...

UND PATRICK UND IVAN UND JEANETTE UND IRMELA UND AMELIE UND CHRISTIAN UND...

SIE IST DIE EINZIGE, DIE ALLE MENSCHEN DER WELT MIT NAMEN KENNT...

FROHEN
- - - - -
TAG!

WAS TUST DU DA?

ICH BASTLE EINE ART VATERTAGSKARTE.

OH, PRIMA! ICH FINDE NÄMLICH, DER VATERTAG WIRD VIEL ZU WENIG BEACHTET...

IN VIELEN FAMILIEN WIRD ER VÖLLIG VERGESSEN...

ICH KANN DICH NICHT GENUG DAFÜR LOBEN... WIRKLICH...

DANKE.

LIEBE MAMA, ALLES GUTE ZUM VATERTAG!

UND DAMIT, LIEBE GOLF-FANS, NAHT DIE GROSSE ENTSCHEIDUNG...

MIT DIESEM SCHLAG MUSS JOE GLEICHZIEHEN... UND ER MUSS ES *JETZT* TUN...

... ES GIBT KEIN MORGEN!

ES GIBT KEIN MORGEN?!

ES GIBT KEIN MORGEN?!

IM FERNSEHEN SAGTEN SIE GERADE, ES GIBT KEIN MORGEN!!!

7-22-01

ES GIBT KEIN MORGEN! ES KAM EBEN IM FERNSEHEN!

PANIK! PANIK! RENNT! FLÜCHTET! VERSTECKT EUCH! VERABSCHIEDET EUCH VON EUREN LIEBSTEN!

WER DACHTE, DASS ES JE SO ENDEN WÜRDE?

KOMMT NICHT ZUERST ELIAS...?

SCHULZ

24

Offizielles
Programm

Unkostenbeitrag 25 c

DU WOLLTEST ES NICHT GLAUBEN... ABER ICH WURDE **DOCH** ERWÄHNT!

ICH WEISS NICHT, VON WAS DU REDEST...

NATÜRLICH VOM PROGRAMMHEFT ZU UNSEREM THEATERSTÜCK...

SIEHST DU? HIER STEHEN DIE NAMEN ALLER SCHÜLER, DIE MITGESPIELT HABEN. UND HIER DIE NAMEN DER ERWACHSENEN, DIE BEIM AUFBAUEN GEHOLFEN HABEN.

UND WO STEHST DU?

WO ICH STEHE? NA, DORT... GANZ UNTEN AUF DER SEITE...

"DER PLATZ REICHT NICHT AUS, UM ALL DIE WUNDERBAREN LEUTE AUFZUFÜHREN, DIE UNS BEHILFLICH WAREN."

9-9-01

SAG BLOSS NICHT MEHR, ICH HÄTTE KEINE WICHTIGE ROLLE GEHABT.

NEIN, ICH BIN VÖLLIG ÜBERZEUGT.

... WER IST DIE ZÄNKISCHSTE HIER?

ICH HAB EINE FRAGE...

ICH SCHAUE FERN.

FINDEST DU, ICH BIN ZÄNKISCH?

NATÜRLICH. DU BIST DER WOHL ZÄNKISCHSTE MENSCH AUF DER GANZEN WELT.

VIELE MENSCHEN SIND MAL SO UND MAL SO... MAN WEISS NIE, WAS EINEN ERWARTET. DU WILLST DOCH NICHT, DASS ICH AUCH SO BIN, ODER?

UND ÜBERHAUPT... WER KANN IMMER NETT SEIN? KEINER KANN DAS! WAS ERWARTEST DU EIGENTLICH VON MIR?

5-21-00

ICH ERWARTE GAR NICHTS VON DIR.

DANKE. SEHR HILFREICH.

GUT, WIE WÄR'S DAMIT? EIN JAHRESPLAN, DER DIR ZWEIHUNDERT NETTE TAGE ZUGESTEHT... HUNDERT **SEHR** NETTE TAGE... SECHZIG ZÄNKISCHE... UND FÜNF UNAUSSTEHLICHE. HMM JA... ICH GLAUBE, DAMIT KÖNNTE ICH LEBEN...

KANN HEUTE EIN "UNAUSSTEHLICHER" TAG SEIN?

KLAR, WIESO NICHT?

✳ WAM!! ✳

KLASSE... ICH HAB NOCH VIER "UNAUSSTEHLICHE" TAGE... UND MEINE SECHZIG ZÄNKISCHEN HAB ICH NOCH NICHT MAL ANGEBROCHEN...

SCHULZ

HIER. DU HAST WIEDER POST VON VERLAGEN...

UND? MÖGEN SIE ES?

"GEEHRTER HERR, WER HAT **IHNEN** DENN ERZÄHLT, SIE KÖNNTEN SCHREIBEN??"

"GEEHRTER HERR, ES GIBT STILVOLLERE SÄTZE AUF ABZIEHBILDCHEN."

"GEEHRTER HERR, WENN SIE UNS WEITERE GESCHICHTEN ZUSENDEN, KOMMEN WIR UND VERPRÜGELN SIE!"

"GEEHRTER HERR, WENN SIE UNS NOCH SO EINE BLÖDE GESCHICHTE ZUSENDEN, VERNAGELN WIR UNSEREN BRIEFKASTEN."

ICH HAB SIE ZU DEN ANDEREN GETAN...

1-26

DU BLEIBST DA DRIN, BIS DU DICH BENIMMST!

3-30

SCHULZ

31

GUT, DU LEGST EINE NEUN, UND ICH LEGE EINE...

ZEHN!

DU LEGST EINE ZEHN... ICH LEGE EINEN...

BUBEN!

EIN BUBE... GUT, VON MIR AUS... ICH LEGE EINE...

DAME!

EINE DAME? HAH! ICH LEGE JETZT EINEN..

KÖNIG!

ÄH... WAS SPIELT IHR DENN DA?

KEINE AHNUNG...

7-20

IMMER BIN ICH SCHULD!!

?

ALSO WENN IHR SO ZU MIR SEID, DANN GEH ICH EBEN.

ICH WEISS, WANN ICH HIER NICHT ERWÜNSCHT BIN. ICH WEISS, WANN JEDER GEGEN MICH IST.

WANN?

WANN?! WAS SOLL DAS HEISSEN?

ICH MEINE, KENNST DU DEN GENAUEN ZEITPUNKT, WANN JEDER GEGEN DICH IST UND DU HIER VÖLLIG UNERWÜNSCHT BIST?

9-14

ODER IST ES EIN ALLGEMEINES PHÄNOMEN, DAS ZU VERSCHIEDENEN ZEITEN AUFTRITT UND...

ICH ZUM BEISPIEL KANNTE DEN GENAUEN ZEITPUNKT, WANN ICH ES ÜBERTREIBE..

WAS MALST DU DA?

'NE KUH.

DAS? EINE KUH?!

WIESO? FINDEST DU NICHT...?

SIEHT WIE EIN HUND AUS...

ÄNDERE ES DOCH IN EINEN HUND..

WIE SOLL DAS GEHEN?

MIT EINEM "WUFF"!

© 1997 United Feature Syndicate, Inc.

HA!
REINGELEGT!
ICH WAR ZU
SCHNELL
FÜR DICH!

WAS WIEDER BEWEIST, DASS
WIR SCHMUSEDECKENBESITZER
DEM REST DER WELT HAUSHOCH
ÜBERLEGEN SIND...

SCHNAPP!

"... DA SAGTE HARRY HÄSCHEN ZU ROBERT REBHUHN..."

EINE TOLLE GESCHICHTE...

ABER WAS GENAU IST EIGENTLICH EIN REBHUHN?

ABER SALLY... DAS WIRD SOGAR IN DER BIBEL ERWÄHNT...

1. BUCH SAMUEL 26:20: "IST DOCH DER KÖNIG VON ISRAEL AUSGEZOGEN, UM MEIN LEBEN ZU ERJAGEN, WIE MAN JAGD MACHT AUF EIN REBHUHN!"

MAN NIMMT HEUTE AN, DASS HIER DAS IM SÜDEN EURASIENS VERBREITETE CHUKARHUHN GEMEINT IST, EINE REBHUHNART, DIE GRAUBRAUN GEFÄRBT IST...

IST DAS NICHT INTERESSANT?

ICH HÄTTE EIGENTLICH LIEBER GEWUSST, WIESO ES ROBERT HEISST...

12-21-97

CHARLIE BROWN! SAG DEINEM HUND, ER SOLL MICH NICHT ANSTARREN!

GIB IHM ETWAS VON DEM, WAS DU DA ISST... DANN GEHT ER VIELLEICHT...

1-18

DU WIEDER?

WIE WUSSTEST DU, DASS ICH ES BIN?

39

NA LOS, TONY. ZEIG'S IHM!

DR. BELLOWS **DARF** DICH NICHT ERWISCHEN...

WAS SCHAUST DU DA AN?

"BEZAUBERNDE JEANNIE". UND JETZT KOMMT'S GLEICH...

... DR. BELLOWS FRAGT TONY, WER DIE FRAU WAR, DIE ER EBEN BEI TONY GESEHEN HAT... ABER TONY MUSS JEANNIE GEHEIMHALTEN...

UND BELLOWS ENTDECKT JEANNIE?

NATÜRLICH NICHT... IM LETZTEN MOMENT VERWANDELT SICH JEANNIE IN EINE WINZIGE MAUS...

HALLO? JA, ER IST DA.

IST FÜR DICH.

ICH SCHAU ABER GERADE FERN... "BEZAUBERNDE JEANNIE"... JA... OKAY... JA JA... MAG JA SEIN... JA...

SCHON VORBEI... ABER DU HATTEST RECHT... IM LETZTEN MOMENT VERWANDELT SICH JEANNIE IN EINE WINZIGE MAUS...

5-17

DER WELTBERÜHMTE WACHHUND HAT ETWAS BEMERKT.

WUFF!

SCHON GUT... ALLES IN ORDNUNG... DANKE...

WUFF!

IST JA GUT... DU BIST EIN GUTER WACHHUND.. UND JETZT GEH WIEDER SCHLAFEN.

SEUFZ

10-25

DA WARNT MAN DAVOR, DASS DIE WELT IN DEN ABGRUND STÜRZT, UND KEINER HÖRT ZU...

KANNST DU MIR WAS VORLESEN, GROSSER BRUDER?

WIESO LIEST DU ES NICHT SELBST?

ICH HASSE LESEN...

11-8

LIES EINFACH DIE SPANNENDEN TEILE... LASS LANGWEILIGE BESCHREIBUNGEN WEG...

"SEIN NAME WAR HERBERT UND ER WAR EIN..."

WIESO DENN "ER"? ICH WILL WAS VON EINER "SIE" HÖREN...

EINE FAMILIE, DIE ZUSAMMEN LIEST, DIE BLEIBT ZUSAMMEN.

WO HAST DU DAS HER?

GELESEN...

ODER JEMAND HAT ES MIR VORGELESEN!

ES IST ETWAS KOMPLIZIERT, ABER ICH ERKLÄR'S DIR...

ALSO... ES GEHT SO...

ICH NEHME MEINE KARTEN, UND DU NIMMST DEINE KARTEN...

DANN WERFEN WIR SIE IN DIE LUFT.

UND DER, BEI DEM DIE MEISTEN BILDSEITEN OBEN LIEGEN, GEWINNT.

WIE HAST DU DAS GEMACHT?

3-7

NEUE KARTEN.

LOS...

IRGENDWANN MÜSSEN WIR LERNEN, WIE MAN MISCHT...

LINUS?

ANTWORTEST DU NICHT?

WORAUF DENN?

ICH WOLLTE DICH ETWAS FRAGEN...

GÄHN

WAS?! ICH HAB GEGÄHNT UND MICH GESTRECKT... ICH KANN NICHTS HÖREN, WENN ICH GÄHNE UND MICH STRECKE...

ALSO, ICH WOLLTE FRAGEN...

5-16

WAS HAST DU GESAGT? ICH ESSE GERADE CHIPS... WENN ICH CHIPS ESSE, DANN HÖRE ICH NICHTS...

NA GUT... DANN SCHREIBE ICH ES EBEN AUF...

WAS STEHT DA? ES IST SO DUNKEL HIER...

LASS MEINE SCHMUSEDECKE IN RUHE, SONST...

SONST?

SONST WAS?

SCHNAPP!

AU WEIA!

10-17

AAUGH!

© 1999 United Feature Syndicate, Inc.

HUNDE VERSTEHEN KEIN "SONST".

ZIMMER GESUCHT

NEIN DANKE, WAS SOLL ICH DAMIT...?

MIST!

NÖ, ICH WILL IHN NICHT... HALLOWEEN IST VORBEI... MUSS MEINEN AUCH LOSWERDEN...

HALLO CHUCK?

NA, WIE WÄR'S MIT EINEM ECHT HÜBSCHEN KÜRBIS...?

WAS MACHT MAN DENN MIT EINEM KÜRBIS, WENN HALLOWEEN VORBEI IST?

11-2

MOMENT MAL... MIR KOMMT EINE IDEE... BLEIB DRAN...

JA, BIN NOCH DRAN... WAS MACHST DU?

ICH MACHE GERADE ABEND-ESSEN...

WAS SCHAUST DU?

"CITIZEN KANE".

HAB ICH SCHON... 12 MAL GESEHEN.

ICH SEH'S ZUM ERSTEN MAL...

12-9

"ROSEBUD" IST DER SCHLITTEN!

AARRGH!!

SCHULZ

ICH WETTE, ZUM VALENTINSTAG GIBT'S WIEDER EIN TOTALES DURCHEINANDER...

... MAN MUSS JA NICHT GLEICH BIS ÜBER BEIDE OHREN VERKNALLT SEIN, UM EINEM MÄDCHEN WAS ZU SCHENKEN...

... JA, ES REICHT, WENN MAN SIE EIN WENIG MAG...

NEIN, DAS STIMMT NICHT...

DU MEINST, SIE MUSS EINEM NUR EIN WENIG GEFALLEN, OHNE DASS MAN SIE LIEBT?

NICHT MAL...

WENN MAN SIE GERADE SO ERTRAGEN KANN?

GENAU, DU HAST RECHT...

ALLES GUTE ZUM VALENTINSTAG!

PEANUTS®

MAHLZEIT!

Text und Zeichnungen · Charles M. Schulz
Übersetzung · Reinhard Schweizer
Lettering · Lucia Truccone

ICH HAB HUNGER.

MEIN KOPF HAT TIEF GESCHLAFEN, ABER MEIN MAGEN WAR HELLWACH.

MITTERNACHT. KEIN FUTTER WEIT UND BREIT. ICH WERDE VOR HUNGER STERBEN.

WÄRE ICH EINE BLÖDE KATZE, KÖNNTE ICH MÄUSE FANGEN.

MEIN MAGEN BRAUCHT EINE SCHLAFTABLETTE... NEIN, MEIN MAGEN BRAUCHT EINEN IMBISS...

WOHER HAT ER BLOSS GEWUSST, DASS ICH HUNGRIG BIN?

WER KÖNNTE BEI ALL DEM GEDÖNS DA DRAUSSEN SCHLAFEN?

55

OHA. MEIN MAGEN-WECKER HAT GEKLINGELT.

WO IST ER?

ES IST ESSENSZEIT UND DER BLÖDE RUNDKÖPFIGE JUNGE HAT MICH VERGESSEN.

HIER BIN ICH! HIER BIN ICH!

10 SEKUNDEN ZU SPÄT. ENTSCHULDIGE.

NA, NUN KOMM UND ISS!

OH, ICH WEISS, WAS ICH NUN SAGEN SOLL. ABER ICH TU ES NICHT. NEIN, NIEMALS!

www.snoopy.com

VERHUNGERE, WENN DU WILLST. ICH KANN NÄMLICH SO STUR SEIN WIE DU!

5-30-04

ICH SAG ES NICHT. NEIN. ICH...

NA GUT. ICH ENTSCHULDIGE MICH... ✳SEUFZ✳

... AUCH BEI DEINEM MAGEN.

SCHON BESSER.

ICH HALT'S NICHT AUS.

SCHLURP SCHLURP SCHLURP SCHLURP

ESSENSZEIT.

ESSENSZEIT?

ESSENSZEIT! ES IST ESSENSZEIT! ♪

JA, ES IST ESSENSZEIT! ES IST ESSENSZEIT! ♪♪

© 1971 United Feature Syndicate, Inc.

SCHLURP SCHLURP SCHLURP SCHLURP

MMMM

GÄHN

VIELLEICHT SOLLTE ICH IHN GEGEN EIN PAAR GOLDFISCHE EINTAUSCHEN...

HI
HIHI HI
HIHI

MANCHE FINDEN
ES BESONDERS
KOMISCH, ÜBER
WÜRMER ZU REDEN,
WENN MAN
SPAGHETTI
ESSEN WILL....

OH, NUN KOMM... SEI VERNÜNFTIG!

ICH BRINGE DEIN ESSEN IMMER PÜNKTLICH, UND ICH BEREITE ES IMMER GENAU SO ZU, WIE DU ES WÜNSCHST.

ABER DAS GEHT NUN ZU WEIT!

SEUFZ. NA GUT... ICH SEHE MAL, WAS ICH TUN KANN...

MANCHMAL FASS ICH ES NICHT, WIE WISCHI-WASCHI ICH BIN...

© 1972 United Feature Syndicate, Inc.

DU WÜRDEST ES TUN? WIRKLICH NETT VON DIR.

3-3-02

WAS IST DABEI, WENN MAN VON EINER SCHÖNEN MAID BEDIENT WERDEN WILL?

www.snoopy.com

SCHULZ

HIER,
ALTER
FREUND..

LASS ES DIR
SCHMECKEN.

!

HALT,
WARTE!

ICH HAB EINE ZUTAT
VERGESSEN...

NUR BEI
MIR GAB
ES JE EINE
ABENDESSEN-
RÜCKRUFAKTION.

www.snoopy.com

SCHULZ

9-8-02

61

AHEM!

ES IST NOCH NICHT SECHS. UND ICH WEIGERE MICH, DICH EINE MINUTE FRÜHER ZU FÜTTERN.

ICH KENNE DICH. ICH WEISS, WAS DU VORHAST.

HEUTE WILLST DU DAS FUTTER UM FÜNF.. MORGEN UM VIER... AM TAG DARAUF VIELLEICHT UM DREI...

BALD HÄTTEST DU DICH EINEN GANZEN TAG ZURÜCKGEARBEITET UND HÄTTEST EIN EXTRA-ESSEN!

ABER SO LÄUFT DAS NICHT. VERGISS ES.

ER IST SCHLAUER, ALS ICH DACHTE.

2-25-01

SCHULZ

HEUTE IST VATERTAG.

ICH FRAG MICH, WO MEIN PAPA IST...

JA, WIR HUNDE HABEN'S SCHWER. SIE NEHMEN DICH DEINER FAMILIE WEG... VERKAUFEN DICH AN EINEN BLÖDEN JUNGEN... UND DEINE ELTERN SIEHST DU NIE WIEDER.

"DU LEBST DANN IN EINER MENSCHENFAMILIE", SAGEN SIE. HAH, WIE TOLL!

MAN HAT NICHT MAL EINE WAHL! MAN ENDET EINFACH IRGENDWO. OH, DIESE MENSCHEN, ICH KÖNNTE SIE ALLE...

ESSENSZEIT!

SCHMATZ SCHLURP!
SCHMATZ SCHLURP!
SCHMATZ SCHLURP!

BONK!

6-17-01

WAS WAR JETZT SCHON WIEDER?

SCHULZ

Klingel!
Klingel!
Klingel!

MEIN MAGEN-WECKER HAT GEKLINGELT!

BAM! BAM! BAM!

DU BIST ZU FRÜH DRAN. HEUTE NACHT GING DIE SOMMERZEIT ZU ENDE.

SECHS UHR IST ERST IN EINER STUNDE!

❋!!!
◉?!?

DAS WAR DAS ERSTE MAL, DASS MICH EIN MAGEN AUSGEBUHT HAT.

HMM...

Z

WEISST DU WAS?

ICH HAB GERADE ETWAS ÜBER EINE NEUE DIÄT GELESEN.

MAN DARF ALLES ESSEN...

7-30-00

... ABER NICHTS RUNTERSCHLUCKEN!

HA HA HA HA HA!

BONK!

AUCH ALS OBER SOLLTE MAN MAL EINEN SCHERZ MACHEN DÜRFEN.

67

ICH DARF NUN DEN VORTRAGENDEN VORSTELLEN... MEINEN MAGEN!

LASS DIE MECKEREI! ES IST NOCH NICHT ESSENSZEIT!

NEIN, ICH LÜGE NIE!

WENN ES SOWEIT IST, WIRD DIESER RUNDKÖPFIGE JUNGE AUFTAUCHEN.

DA KOMMT ER... GENAU PÜNKTLICH.

12-10-00

SCHLURP SCHLURP SCHLURP!

© 1974 United Feature Syndicate, Inc.

SIEHST DU? ICH HATTE RECHT...

MEIN MAGEN MUSS EINFACH IMMER DAS LETZTE WORT HABEN!

SCHULZ

SNOOPY! WIESO KOMMST DU NICHT REIN? ICH FÜTTERE DICH IM HAUS. HIER IST ES VIEL WÄRMER!

WIE NETT... EINE EINLADUNG ZUM ESSEN...

TAP TAP TAP

12/31/00

WIESO MUSS ER IMMER SO EINE SCHAU ABZIEHEN?

AU WEIA. ICH BIN GEFANGEN. KÖNNTEST DU HILFE HOLEN?

WARTE... WAS ICH NOCH DRINGENDER BRAUCHE, IST EIN SCHLUCK WASSER.

3-9

ICH SAG ES UNGERN, ABER... ICH KANN AUS EINEM HUNDENAPF NICHT TRINKEN.

71

HARICOT VERT

WAS IST DAS?

ICH SPIELE SNOOPY EINEN STREICH...

BEVOR ICH IHN HEUTE FÜTTERE, ZEIGE ICH IHM DIESE SPEISEKARTE. ER AHNT NATÜRLICH NICHT, DASS ALLES AUF FRANZÖSISCH IST...

HA HA, DAS WIRD SICHER LUSTIG...

8-3

GUTEN ABEND, DER HERR. WÜNSCHEN SIE DIE SPEISEKARTE?

WIE LIEF DEIN STREICH? WAR ES LUSTIG?

NA JA, GING SO...

UPS! DIE PETERSILIE FEHLT...

HIER, DIE PETERSILIE... UPS! NUN HAB ICH DAS ESSEN VERGESSEN.

MOMENT... DAS IST NICHT DEIN ESSEN. DAS IST MEIN ESSEN!

BIN GLEICH WIEDER DA...

SO, JETZT ABER...

WAR GANZ GUT. HÄTTE NUR ETWAS PETERSILIE VERTRAGEN KÖNNEN...

EINE NACHRICHT VON DEINEM HUND.

"Warum sitzt du da drin und ißt, während dein Hund hier draußen verhungert?"

SAG IHM, ER VERHUNGERT NICHT, WEIL ICH IHN VOR ZEHN MINUTEN GEFÜTTERT HAB...

© 1999 United Feature Syndicate, Inc.

ER SAGT, DU VERHUNGERST NICHT, WEIL ER DICH VOR ZEHN MINUTEN GEFÜTTERT HAT.

1-17

www.snoopy.com

"Oh."

PEANUTS®

IM GARTEN

Text und Zeichnungen · Charles M. Schulz
Übersetzung · Reinhard Schweizer
Lettering · Lucia Truccone

MAMPF
MAMPF
MAMPF

HALLO, DRACHEN-FRESSENDER BAUM. ES WAR EIN LANGER WINTER, WAS? DU SIEHST HUNGRIG AUS...

3·14·04

DEN WÜRDEST DU GERN FRESSEN, WAS?

ICH HASSE EUCH BÄUME! VON MIR AUS KÖNNT IHR VERHUNGERN!

BUHU!

JA, HEUL NUR! ICH HAB KEIN MITLEID MIT DIR!

WAS TUST DU? LASS MEINEN ARM LOS! WO GEHEN WIR HIN?

PSYCHIATRISCHE HILFE 10 CENT

DER DOKTOR IST DA

DIE PERSON, DIE DICH EINGEWIESEN HAT, MEINTE, DU REDEST MIT BÄUMEN. STIMMT DAS?

KLOTZKOPF!

PSYCHIATRISCHE HILFE 10 CENT

TRÄUME HABEN EINE WICHTIGE FUNKTION.

DER DOKTOR IST DA

PSYCHIATRISCHE HILFE 10 CENT

SIE BEREITEN DICH NÄMLICH AUF DEN FOLGENDEN TAG VOR.

DER DOKTOR IST DA

HILFE

WAS SOLL DAS HEISSEN?

DER DOKTOR IST DA

12-8-02

ERST IN DER NACHT, IM SCHLAF, ARBEITET DEIN GEHIRN TATSÄCHLICH, CHARLIE BROWN...

DER DOKTOR IST DA

DEIN GEHIRN ARBEITET NOCH EINMAL ALLES DURCH...

DER DOKTOR IST DA

... DAMIT DU DICH SO SIEHST, WIE DU WIRKLICH BIST.

DER DOKTOR

PSYCHIATRISCHE HILFE 10 CENT

SOGAR MEIN GEHIRN IST GEGEN MICH!

DER DOKTOR IST DA

SCHULZ

EBEN GAB MIR DER OSTERBEAGLE DIE HAND, UND ICH BEKAM EIN EI.

SCHMATZ!

DER "OSTERBEAGLE"?

PSYCHIATRISCHE HILFE 10 CENT

DER DOKTOR IST DA

ICH BRACHTE NIE EIN WORT HERAUS.

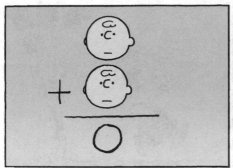

PSYCHIATRISCHE HILFE 10 CENT

DER DOKTOR IST DA

ICH WOLLTE DAS KLEINE ROTHAARIGE MÄDCHEN IMMER ANSPRECHEN, ABER ES GING NICHT...

ICH KONNTE ES NICHT... WEIL ICH SO EIN "NICHTS" BIN UND SIE "ETWAS".

HÄTTE **SIE** MICH ANSPRECHEN WOLLEN... DAS WÄRE EINFACH GEWESEN. JEMAND, DER ETWAS IST, KANN LEICHT JEMANDEN ANSPRECHEN, DER NICHTS IST!

ALSO ICH GLAUBE, DAS IST EIN MATHEMATISCHES PROBLEM.

MATHEMATISCH?

DER DOKTOR IST

6-1-03

ADDIERE NICHTS UND ETWAS... WAS GIBT DAS?

HMM... ETWAS.

RICHTIG. NUN SUBTRAHIERE NICHTS VON ETWAS... WAS GIBT DAS?

ETWAS.

DER DOKTOR IST DA

SEHR GUT. JETZT MULTIPLIZIERE ETWAS MIT NICHTS. WAS GIBT DAS?

NICHTS.

DER DOKTOR IST DA

PSYCHI... HILF...

ZEHN CENT, BITTE!

DER DOKTOR

ALS EIN NICHTS HAT MAN ES SCHWER, ETWAS ZU VERSTEHEN.

SCHULZ

HAT DEINER MUTTER DIE GEBURTSTAGSKARTE GEFALLEN?

ICH GLAUB JA. SIE HAT GEWEINT.

KARTEN SCHENKEN MACHT SPASS.

AM VALENTINSTAG GAB ICH MEINER MAMA EIN TOLLES HERZ. DAS HATTE ICH IN DER SCHULE GEBASTELT.

MEINEM OPA SCHENKTE ICH WAS ZU NEUJAHR.

ZUM ERNTEDANKFEST SCHICKTE ICH MEINEM ONKEL EINE KARTE.

ICH HAB MAMA ZUM FRÜHLINGSANFANG BLUMEN GEPFLÜCKT.

UND ICH SCHENKE MEINER MAMA IMMER WAS TOTAL SCHÖNES ZUM MUTTERTAG.

UND HEUTE? WAS HAST DU DEINEM PAPA GESCHENKT?

HEUTE? AU WEIA, HAB ICH VERGESSEN!

NA JA, MEIN PAPA WIRD NICHTS SAGEN. ER SEUFZT VIELLEICHT, ABER ER SAGT NICHTS.

DAS IST DAS GUTE AM VATERTAG. MAN KANN IHN AUCH VERGESSEN.

SCHULZ

WUSCH!

www.snoopy.com

8-10-03

DIESER BLÖDE BEAGLE!

OKAY, HÖR ZU. ICH SAG DIR DAS NUR **EIN** MAL...

ICH HAB DEINEN FRESSNAPF! HER MIT DER DECKE, ODER DU SIEHST DEINEN NAPF NIE WIEDER!

DER KÄMPFT MIT HARTEN BANDAGEN...

☀ SEUFZ ☀

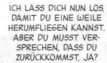
OKAY, BALLON, ICH SAG DIR JETZT MAL WAS...

ICH LASS DICH NUN LOS, DAMIT DU EINE WEILE HERUMFLIEGEN KANNST. ABER DU MUSST VERSPRECHEN, DASS DU ZURÜCKKOMMST, JA?

ALSO LOS...

8-31-03

www.snoopy.com

HAHAHAHAHA

ALSO WIRKLICH... WIE KANN MAN NUR SO BLÖD SEIN! "FLIEG EINE WEILE HERUM, ABER VERSPRICH, DASS DU ZURÜCKKOMMST!" EIN BALLON?! AU WEIA!

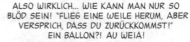

BALLONS UND KLEINE BRÜDER MACHEN MICH WAHNSINNIG!

SCHULZ

87

HIER SITZEN WIR ALSO, SNOOPY, UND WARTEN AUF DEN GROSSEN KÜRBIS.

IMMER AN HALLOWEEN FLIEGT DER GROSSE KÜRBIS DURCH DIE NACHT...

... MIT EINEM SACK VOLLER SPIELSACHEN! STELL DIR DAS VOR!

ICH FINDE ES TOLL, DASS DU HIER MIT MIR WARTEST, SNOOPY.

ALLERDINGS, NUN JA... ICH FRAG MICH, WOZU DU DIE SONNENBRILLE TRÄGST...

ES GIBT SITUATIONEN, DA MÖCHTE MAN NICHT ERKANNT WERDEN.

PSYCHIATRISCHE HILFE 10 CENT

DER DOKTOR IST [DA]

ICH FRAG MICH, OB EIN NEUANFANG WIRKLICH MÖGLICH IST.

PSYCHIATRISCHE HILFE 10 CENT

DER DOKTOR IST [DA]

DA, EIN FLUGZEUG...

... VOLL MIT MENSCHEN, DIE IRGENDWOHIN WOLLEN. DAS WILL ICH AUCH. IRGENDWOHIN UND NEU ANFANGEN...

VERGISS ES, CHARLIE BROWN. WENN DU AUS DEM FLUGZEUG STEIGST, BIST DU NOCH IMMER DERSELBE.

DER DOKTOR

© 1971 United Feature Syndicate, Inc.

11-16-03

ABER VIELLEICHT WÜRDE MAN MICH AN DIESEM ANDEREN ORT MEHR MÖGEN.

NUR BIS SIE DICH KENNEN, CHARLIE BROWN... DANACH IST ES WIEDER WIE ZUVOR...

ABER VIELLEICHT WÄREN DIE MENSCHEN VERSTÄNDNISVOLLER.

MENSCHEN SIND ÜBERALL GLEICH.

DER DOKTOR IST [DA]

VIELLEICHT...

VERGISS ES, CHARLIE BROWN.

ABER...

DER DOKTOR IST [DA]

NEIN!

ÄH...

DER DOKTOR IST [DA]

ZEHN CENT, BITTE!

✳SEUFZ✳

DER DOKTOR IST [DA]

PATIENTEN KÖNNEN SO STÖRRISCH SEIN.

DER DOKTOR IST [DA]

WILLST DU WAS LUSTIGES HÖREN?

GESTERN SCHICKTE MICH MEIN PAPA ZU SEINEM FREUND, DEM ICH WAS AUSRICHTEN SOLLTE. DER FREUND ARBEITET IN EINEM FRISEURSALON, UND ALS ICH REINKAM, FRAGTE MICH EINER DER FRISEURE: "WAS KANN ICH FÜR DICH TUN, JUNGE?"

OH JA, LUSTIG.

ETWAS ÄHNLICHES IST MIR IM FRISEURSALON MEINES VATERS PASSIERT. EIN MANN BRACHTE DAMALS SEINE ENKELIN MIT, UND DER FRISEUR HIELT DAS MÄDCHEN FÜR EINEN JUNGEN UND HAT ALL SEINE LOCKEN ABGESCHNITTEN...

ES GAB EINE RIESIGE AUFREGUNG... ABER SO WAS PASSIERT EBEN... UND SPÄTER KANN MAN SOGAR DARÜBER LACHEN...

MEINE GESCHICHTE WAR NICHT FERTIG, CHUCK.

DAS IST LACHHAFT.

JA, TOTAL DOOF

SO EINE SINTFLUT. ICH GEH NACH HAUSE.

ABER... UNSER SPIEL!

ES KLART GLEICH AUF, ICH GLAUB, ICH SEH DIE SONNE.

WO GEHT IHR ALLE HIN? BLEIBT HIER! WIR MÜSSEN SPIELEN!

SPINNST DU, CHARLIE BROWN? WER IN SO EINEM REGEN DRAUSSEN BLEIBT, DER SOLLTE DRINGEND ZUM PSYCHIATER!

© 1972 United Feature Syndicate, Inc.
www.comics.com   4-14-02

HMM, NA DANN...

OH, HALLO... WAS KANN ICH FÜR DICH TUN?

PSYCHIATRISCHE HILFE 10 CENT

DER DOKTOR IST DA

ICH GLAUBE, ICH HAB EIN PROBLEM... ICH DENKE BEI REGEN NICHT DARAN, INS TROCKENE ZU GEHEN.

DAS KLINGT SEHR INTERESSANT...

ICH DENKE EINZIG UND ALLEIN AN DAS BASEBALLSPIEL UND VERGESSE IRGENDWIE ALLES ANDERE UM MICH HERUM...

WEISST DU WAS?

WAS?

DER DOKTOR IST DA

ICH WERDE NASS.

DER DOKTOR

93

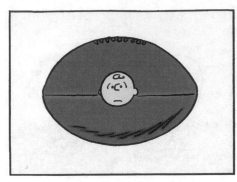

♫ CHARLIE BROWNNNNN ♫

ICH HALTE DEN BALL, UND DU LÄUFST AN UND KICKST IHN WEG.

NEIN.

ICH TUE NICHTS, OHNE MEINEN PSYCHIATER ZU FRAGEN.

GUT, DANN REDE MIT DEINEM PSYCHIATER, UND DANN KOMMST DU ZURÜCK, JA?

PSYCHIATRISCHE HILFE 10 CENT

DER DOKTOR IST DA

ICH HAB EIN PROBLEM.

DA IST DIESES MÄDCHEN, UND SIE WILL IMMER, DASS ICH DIESEN BALL WEGKICKE... ABER DANN ZIEHT SIE IHN IMMER WEG...

OH, SICHER IST ES EIN NETTES MÄDCHEN... UND LUSTIG...

UND ICH HABE DEN EINDRUCK, DASS DU EIN ECHTES BEDÜRFNIS HAST, DEN BALL WEGZUKICKEN.

DIESEM DRANG SOLLTEST DU FOLGEN. PSYCHOLOGISCH AUSGEDRÜCKT HAST DU EIN "DRINGENDES BEDÜRFNIS ZU KICKEN".

© 1972 United Feature Syndicate, Inc.

10-6-02

ZUM GLÜCK HAB ICH MIT MEINEM PSYCHIATER GEREDET! ICH KICKE DEN BALL BIS ZUM MOND!

AAAH!

www.snoopy.com

WHAM

LEIDER, CHARLIE BROWN, HABEN DIE MEISTEN PSYCHIATER VON BALLSPORT KEINE AHNUNG.

SCHULZ

WEISST DU, WAS EIN SCHÖNES HOBBY IST? SCHNUR SAMMELN.

DA KOMMT ER! DA KOMMT ER!

DANKE, OSTERBEAGLE! DANKE!

DANKE!

VIELEN DANK!

DANKE!

4·15·01

OH, DANKE!

JEDER KRIEGT VOM OSTERBEAGLE EIN EI.

UND WER GIBT MIR EINES?

SEIN ASSISTENT.

LUCY VAN PELT

1A RATSCHLÄGE

PSYCHIATRISCHE HILFE 10 CENT

DER DOKTOR IST DA

HM, ALSO... MEIN PROBLEM IST...

PSYCHIATRISCHE HILFE 10 CENT

DER DOKTOR IST DA

... DASS ICH NIE WEISS, OB ICH DAS RICHTIGE TUE.

ICH BRAUCHE JEMANDEN, DER MIR SAGEN KANN, WANN ICH DAS RICHTIGE TUE.

6-10-01

OKAY... DU TUST DAS RICHTIGE. DAS MACHT 10 CENT, BITTE.

DER DOKTOR IST DA

PSYCHIATRISCHE HILFE 10 CENT

DER DOKTOR IST DA

PSYCHIA HILFE

SCHON ZURÜCK? WAS WAR?

DER DOKTOR IST DA

ES WAR LEIDER DAS FALSCHE...

MAN BRAUCHT MEHR IM LEBEN ALS JEMANDEN, DER EINEM SAGT, WANN MAN DAS RICHTIGE TUT...

JETZT HAST DU **WIRKLICH** WAS GELERNT. DAS MACHT NOCH MAL 10 CENT, BITTE!

DER DOKTOR IST DA

SCHULZ

ES IST IMMER DAS GLEICHE!

EINE GUTE STELLE LOCKT ALLE ANDEREN AN!

HALLO. ICH VERKAUFE HIER ETWAS FÜR KÄTZCHEN, UND ICH...

FÜR WEN?!

FÜR KÄTZCHEN. ICH HAB EIN SPIELZEUG FÜR SIE ENTWICKELT. DAMIT KÖNNEN SIE SICH STUNDENLANG BESCHÄFTIGEN...

DAS SPIELZEUG IST HÖCHST EINFACH. ICH HAB PAPIER GENOMMEN UND ES ZUSAMMENGEKNÜLLT...

EIN KÄTZCHEN SPIELT STUNDENLANG MIT DEM PAPIER... STUPST ES AN... ROLLT ES HERUM...

WENN MAN DAS PAPIER AN EINEN FADEN HÄNGT, DANN FÄNGT ES AN ZU BOXEN!

UND DAS KÄTZCHEN MIAUT UND HÜPFT HERUM...

WILLST DU EINS KAUFEN? SIE KOSTEN NUR 10 CENT...

WIESO DENN KAUFEN? PAPIER KANN ICH AUCH SELBST ZERKNÜLLEN.

IRGENDWIE HAB ICH GEAHNT, DASS DIE IDEE NICHT PERFEKT IST...

SCHULZ

WUSCH!

RAH

roh

SO WAS IST TÖDLICH FÜR DIE ZUSCHAUER-ZAHLEN...

11/4/01

www.snoopy.com

STÜCK
BEGINNT
13 UHR

3-19-00

WEISST
DU WAS?

WAS?

SECHS
STUNDEN HIER
ZU STEHEN,
STRENGT AN.

JA,
STIMMT.

ABER WO SONST
SIEHT MAN "KRIEG
UND FRIEDEN" ALS
HANDPUPPENSTÜCK?

103

WIE GEFÄLLT'S DIR BIS JETZT?

HM, GANZ GUT...

BIST DU ÖFTER HIER?

NEIN, DAS ERSTE MAL...

4-30-00

ICH BIN NUR GEKOMMEN, WEIL ICH EINE KRITIK FÜR DIE SCHÜLERZEITUNG SCHREIBE...

SCHULZ

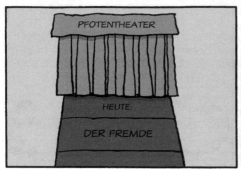

PFOTENTHEATER

HEUTE:

DER FREMDE

7-02-00

PAUSE

DAS WAR EIN LANGER ERSTER AKT... SOLLEN WIR UNS ETWAS DIE BEINE VERTRETEN?

ICH WÜRDE GERN WAS TRINKEN.

SEINE VORSTELLUNGEN SIND AUSGEZEICHNET, NICHT WAHR?

TROTZDEM FEHLT SEINEM THEATER NOCH WAS...

EINE BAR.

III. AKT

HAST DU JE DAS GANZE ALTE TESTAMENT MIT HANDPUPPEN GESEHEN?

NEIN... ICH GLAUB NICHT...

ICH SOLLTE DICH VOR DER NÄCHSTEN SZENE WARNEN...

8-13-00

WELCHE NÄCHSTE SZENE?

PLATSCH!

DIE TEILUNG DES ROTEN MEERS!

DER WELTBERÜHMTE SCOUT BEGIBT SICH AUF EINE STEINSAMMEL-EXPEDITION..

AH! HIER IST EIN SCHÖNER!

UND **DER** DA ERST!

AH!

IST DAS DEINE STEINSAMMLUNG? ZEIG MAL...

OH, WAS FÜR LANGWEILIGES ZEUG! ALS OB DU ES IRGENDWO IM VORGARTEN GEFUNDEN HÄTTEST!

SOLCHE STEINE INTERESSIEREN ABSOLUT NIEMANDEN...

NICHT MAL IHRE MÜTTER?

DER DOKTOR IST [DA]
KEIN PROBLEM

DOC!

PSYCHIATRISCHE HILFE 10 CENT

MEINE OMA SAGTE...

DER DOKTOR IST [DA]

... "LACHE AM ABENDTISCH... WEINE, WENN DU ZU BETT GEHST."

ALSO ICH FINDE... OMAS REDEN OFT WIRRES ZEUG...

DER DOKTOR IST [DA]

© 1997 United Feature Syndicate, Inc.

ABER ICH VERSTEHE SIE ALLMÄHLICH... ICH GLAUBE NÄMLICH, ICH HABE ANGST VOR DEM GLÜCK...

6-15

WIE KANN MAN VOR GLÜCK ANGST HABEN?

WEIL... WANN IMMER MAN ZU GLÜCKLICH WIRD, PASSIERT ETWAS SCHLIMMES.

BIST DU JETZT GLÜCKLICH?

ÄHM, JA....

DER DOKTOR IST [DA]

WOMPP!

ERZÄHL MIR MEHR VON DEINER OMA...

DER DOKTOR IST [DA]

UND DANKE, DASS DU MICH MIT DEINEM HUND SPIELEN LÄSST...

WIR GEHEN DA RÜBER, WO WIR VIEL PLATZ HABEN...

ALSO, ICH HAB EIN SPIEL ERFUNDEN. ICH ERKLÄR DIR DIE REGELN...

ICH WERFE DEN BALL, UND DU FÄNGST IHN, OKAY?

7-6

FÄNGST DU IHN NACH DEM ERSTEN HÜPFER, KRIEGST DU DREI PUNKTE...

... NACH DEM ZWEITEN ZWEI PUNKTE... NACH DEM DRITTEN EINEN. FÄNGST DU IHN NICHT, KRIEG ICH ZEHN PUNKTE.

HM... DA WAR NOCH EINE REGEL, ABER ICH HAB SIE VERGESSEN...

ACH JA... KEINE BODYCHECKS!

© 1997 United Feature Syndicate, Inc.

8-10

MAN SAGT, WENN DU VOM PFERD RUNTERFÄLLST, DANN STEIG WIEDER AUF

BLEIB, WO DU BIST... ICH SUCHE EIN PFERD

CHARLIE BROWN...

WIESO ICH? WEIL ICH BLÖD BIN. DESHALB.

ALSO, ICH ERKLÄR'S DIR... ICH HALTE DEN BALL, DU LÄUFST AN UND KICKST IHN WEG...

KLAR... NUR ZIEHST DU DEN BALL WEG, UND ICH KNALLE AUF DEN RÜCKEN...

NICHT UNBEDINGT... MENSCHEN ÄNDERN SICH... ZEITEN ÄNDERN SICH. ICH SPÜRE DA SO WAS...

VIELLEICHT HAT SIE JA RECHT. DIE ZEITEN ÄNDERN SICH... ICH GLAUBE, ICH SPÜRE ES AUCH...

9-21

UND DAS HEISST, ICH KICKE DEN BALL HOCH IN DEN HIMMEL!

''AAUGH!'' HM, NANU...?

WHUMP!

TUT MIR LEID.. ICH DACHTE, JEMAND HÄTTE GEREDET... IRGEND ETWAS VON EINER NEUEN ZEIT...

DANN MAL LOS, MARCIE...

OKAY, ALSO DAS GEHEIMSPIEL, SIR...

WIR HABEN EIN GEHEIMSPIEL, CHARLES. DAS SPIEL IST SO GEHEIM, DASS KEINER JE DAVON GEHÖRT HAT.

ICH GLAUBE, SIE WOLLEN MEHR ÜBER UNSER GEHEIMSPIEL WISSEN, SIR.

NUR NICHTS VERRATEN!

DAS WÜRDE ICH NIE TUN...

EIN GEHEIMNIS VERRÄT MAN NIE. SONST IST ES KEIN GEHEIMNIS MEHR...

9-28

© 1997 United Feature Syndicate, Inc.

ES HAT GEKLAPPT, SIR. ES WURDE IHNEN ZU LANGWEILIG.

116

© 1997 United Feature Syndicate, Inc.

10-26

FRAG DEINEN HUND, OB ER MIT MIR BASKETBALL SPIELEN WILL...

ICH FINDE IHN NICHT... ABER ICH GLAUBE KAUM, DASS ER LUST GEHABT HÄTTE.

FANG IHN, MARCIE!

DER BALL HÄNGT OBEN IM BAUM, SIR...

GAR KEIN PROBLEM...

DU STEHST VOR DEM BAUM... ICH NEHME ANLAUF UND SPRINGE DIR AUF DIE SCHULTERN...

OH, DER SCHNÜRSENKEL IST OFFEN...

11-30-97

© 1988 United Feature Syndicate, Inc.

WHAM!

JETZT, SIR... ICH BIN BEREIT...

ABER WAS TUN SIE DA UNTEN, SIR?

VERGISS ES. WENN DER BALL OBEN BLEIBEN WILL, DANN SOLL ER!

WIR SCHAFFEN ES WOHL SOWIESO NIE ZUM HUBER BOWL, SIR.

SUPER BOWL, MARCIE.

2-22

© 1998 United Feature Syndicate, Inc.

www.unitedmedia.com

BONK!

UND DANN WARF ICH DEN BALL SO FEST, DASS ER UM DIE GANZE ERDE FLOG UND MIR VON HINTEN AN DEN KOPF GEKNALLT IST!

WAS LACHT DER DENN SO?!

FLIEG, DU BLÖDER DRACHEN! RAUF MIT DIR!

NA LOS, FLIEG! STEIG HÖHER! STEIG HÖHER!

3-1

DU DÄMLICHER DRACHEN! DU BIST EINE SCHANDE FÜR DIE GANZE DRACHENSCHAFT!

DENKST DU, DU KANNST DIR SO WAS ERLAUBEN? HOCH IN DEN HIMMEL MIT DIR, WO DU HINGEHÖRST!!!

© 1998 United Feature Syndicate, Inc.

UND? WIE WAR'S MIT DEM DRACHEN HEUTE?

HM, ICH GLAUB, ICH HAB WAS GELERNT. ICH WEISS NUR NICHT, WAS...

SCHULZ

121

DAS IST MEIN LIEBLINGSTAG... GLAUB ICH...

KLINGEL

SÜSSES ODER SAURES!

SPINNST DU? HEUTE IST NICHT HALLOWEEN!

KENNST DU NICHT MAL DAS DATUM? HAST DU KEINEN KALENDER?

ICH BIN EIN KLEINER JUNGE... ICH KANN KEINEN KALENDER LESEN. ICH WEISS NICHT, WAS FÜR EINEN TAG WIR HABEN! KEINER SAGT MIR WAS!

5-10

NA GUT... HIER... ETWAS SCHOKOLADE...

DANKE.

UND NUR DAMIT DU'S WEISST... HEUTE IST MUTTERTAG...

ACH JA?

WIE VIELE TAGE BIS WEIHNACHTEN?

PSYCHIATRISCHE
HILFE 10 CENT

DER DOKTOR
IST [DA] [GLÜCK]
[GEHABT]

HILFE 10 CENT

KLAR?

DER DOKTOR
IST [DA]

DAS PROBLEM, UM DAS ES GEHT, CHARLIE BROWN, IST KOMMUNIKATION.

DER DOKTOR
IST [DA]

ICH MEINE NICHT UNBEDINGT DAS GESAGTE... OFT SAGT KÖRPERSPRACHE VIEL MEHR AUS...

KÖRPERSPRACHE?

© 1998 United Feature Syndicate, Inc.

WIE INTERESSANT... KÖRPERSPRACHE... KOMMUNIKATION...

DER DOKTOR
IST [DA]

MEINE SPIELERIN IM AUSSENFELD IST SO BLÖD.. WENN ICH IHR ETWAS ERKLÄRE, KAPIERT SIE ES NICHT...

DAS LIEGT WOHL AN DER KOMMU-NIKATION, ODER?

HILFE 10 CENT

8-30

DER DOKTOR
IST [DA]

MEIN PSYCHIATER IST EXPERTE FÜR KÖRPERSPRACHE.

9-6

© 1998 United Feature Syndicate, Inc.

MACHT SICHER SPASS, HM?

WIE HEISST DAS SPIEL?

SABBER-BALL...

12 UHR?

WIE KANN MAN NUR SOVIEL SCHLAFEN?

ALSO WIRKLICH, SNOOPY... DU VERSCHLÄFST NOCH DEIN GANZES LEBEN...

ICH VERSCHLAFE MEIN LEBEN?!

ICH FASS ES NICHT!

ICH WOLLTE NOCH SOVIEL TUN! WOLLTE ANDERE STÄDTE SEHEN, ANDERE LÄNDER...

UND NUN? MEIN LEBEN IST VORBEI, VERGEUDET... WIE FURCHTBAR...

© 1998 United Feature Syndicate, Inc.

12-6

DAS SAGT MAN NUR SO...

Z

128

RERUN! WAS ZUM KUCKUCK TUST DU DA?

ICH TÄTSCHLE VÖGEL AUF DEN KOPF.

KEINER TÄTSCHELT VÖGELN AUF DEN KOPF!

LINUS SAGT ABER, ER TUT DAS AUCH IMMER...

DEIN BRUDER IST EIN KLOTZKOPF! GLAUBST DU, ICH WILL, DASS JEDER IN DER SCHULE ZU MIR SAGT "DEIN BRUDER TÄTSCHELT VÖGELN AUF DEN KOPF"?

3-14

HÖR AUF DAMIT! UND ZWAR SOFORT!

UND IHR GEHT NACH HAUSE! VERZIEHT EUCH! SUCHT EUCH WÜRMER ODER SO WAS!

DER HIER HATTE SCHON EINEN TERMIN VEREINBART...

WIR KÖNNEN DEIN LEBEN ÄNDERN... VIELLEICHT

ICH WÜRDE SO GERNE EINMAL ANDERS SEIN.

PSYCHIATRISCHE HILFE 10 CENT

DER DOKTOR IST DA

ICH MEINE... KANN ICH NICHT MAL DER MITTELPUNKT DER PARTY SEIN?

DU?!

HA HA HA HA HA!

DER DOKTOR IST DA

4-4

TUT MIR LEID, DASS ICH GELACHT HABE... WO WAREN WIR? AH, RICHTIG...

DER DOKTOR IST DA

DU? DER MITTELPUNKT DER PARTY?

HA HA HA HA HA!

DER DOKTOR IST DA

UND? WIE WAR ES BEIM PSYCHIATER HEUTE?

ICH FRAGTE, OB ICH JE DER MITTELPUNKT DER PARTY SEIN KÖNNTE...

DU? HA HA HA HA!

NUN JA, ICH WURDE NOCH NIE ZU EINER PARTY EINGELADEN.

DU GIBST DAS GOLFSPIELEN AUF? NA JA, KEIN WUNDER...

DOCH WENN DU ES AUFGIBST, MUSS ES OFFIZIELL SEIN...

DAZU MUSST DU DIESES FORMULAR AUSFÜLLEN... "NAME... ALTER... WIE LANGE DU SCHON SPIELST..."

"EIDESSTATTLICHE VERSICHERUNG, NIE MEHR GOLF ZU SPIELEN... UND NIE MEHR GOLF IM FERNSEHEN ANZUSCHAUEN..."

DAS FORMULAR WIRD DEM INTERNATIONALEN GOLFVERBAND VORGELEGT UND AMTLICH BEGLAUBIGT UND ARCHIVIERT...

ABER WARTE... DA IST NOCH WAS...

"DER SPIELER HAT ALLE SCHLÄGER VON BÄUMEN ZU ENTFERNEN."

© 1999 United Feature Syndicate, Inc.

4-18

131

OUI, MON CAPITAINE!

ABER WO KRIEG ICH REKRUTEN HER?

HAT DEIN HUND LUST, MIT MIR ZU SPIELEN?

FRAG IHN SELBST. DA KOMMT ER GERADE.

BONJOUR, MONSIEUR...

HMM, SELTSAMER KERL...

HAT WAHRSCHEINLICH EINES UNSERER PLAKATE GESEHEN...

5-23

© 1999 United Feature Syndicate, Inc.

UNGLAUBLICH, WAS DAS HAUPTQUARTIER UNS HEUTZUTAGE SCHICKT...

www.snoopy.com

HIER, ZIEH DAS AN...

SAG MAMA, DASS ICH WOHL FÜNF JAHRE FORT BIN...

EIN ROTER BALL, JA? KANNST DU DIR DAS MERKEN?

ICH WERFE DEN BALL BIS ANS ENDE DER WELT. ALSO PASS GUT AUF WENN DU IHM NACHJAGST...

PASS AUF, DASS DU AM RAND DER WELT NICHT RUNTERFÄLLST.

7-25

UND..?

ICH PASS AUF..

BLÖDER KERL.

DAS WIRD ER BÜSSEN!

EIN JUNGE AUF DEM SPIELPLATZ HAT MICH BELEIDIGT... ICH BRAUCH DEINEN HUND, DAMIT ER IHN INS BEIN BEISST...

ER SOLL SEINE SOCKE RUNTERROLLEN... ICH BEISSE NICHT GERN DURCH STOFF..

ALSO, ENTWEDER DU ENTSCHULDIGST DICH, ODER DER HUND BEISST DICH INS BEIN!

ICH ENTSCHULDIGE MICH...

ACH JA?

8-22

ER HAT SICH ENTSCHULDIGT...

DU HATTEST EH KEINE LUST, IHN INS BEIN ZU BEISSEN, ODER?

ER STAND SO WEIT WEG...

OH... DU HAST DEN BALL SOGAR SIGNIEREN LASSEN...

PEANUTS ®

BASEBALL – MEINE LEIDENSCHAFT

Text und Zeichnungen · Charles M. Schulz
Übersetzung · Reinhard Schweizer
Lettering · Lucia Truccone

IST DAS NORMAL, DASS WERFER NICHT UNTERGEHEN?

6-13-04

HIER... UNTERSCHREIB DIESE PETITION.

WOFÜR IST DIE?

SEI NICHT WISCHI-WASCHI. UNTERSCHREIB!

WER WISSEN WILL, WAS ER UNTERSCHREIBT, IST NICHT WISCHI-WASCHI!

OH, WIEDER ZÄNKISCH?

WER JEMANDEN ANSCHREIT, DER SAGT, DASS ER WISCHI-WASCHI IST, WEIL ER WISSEN WILL, WAS ER UNTER-SCHREIBT, IST NICHT ZÄNKISCH!!

GUT, DU KANNST ES LESEN. WENN DU UNTERSCHREIBST.

7-11-04

"WIR, DIE UNTERZEICHNER, HALTEN UNSEREN TEAMCHEF FÜR ZU WISCHI-WASCHI UND ZU ZÄNKISCH."

WIR HABEN WAS ABGEMACHT...

ICH BIN DER EINZIGE, DER EINE PETITION GEGEN SICH SELBST UNTERSCHREIBT.

✳ SEUFZ ✳

MEIN ALTER WERFERHÜGEL... BEDECKT MIT SCHNEE...

DIESER HÜGEL UND ICH HABEN EINIGES ERLEBT...

OH, DIE ERINNERUNG...

ICH VERGESSE NIE DAS SPIEL, ALS DAS ANDERE TEAM IM NEUNTEN DURCHGANG EINEN GRUNDBALL WARF UND...

OKAY, ALLE **ZUR SEITE!** JETZT KOMMT SIE!

DIE WELTMEISTERIN IM RIESENSLALOM GEHT AN DEN START... WIND ZERZAUST IHR HAAR! UND JETZT... DER STARTSCHUSS! **DAS RENNEN BEGINNT!!!**

... DANN BEGANN DIE AUFHOLJAGD... UND ICH WAR DABEI..

MACH DEN KERL ALLE!

SCHLAG-MANN!

HEH, DU!

SCHLAG-MANN!

LOS, LASS IHN AUSSCHEIDEN, CHARLIE BROWN!

DU MAGST ES, WENN MAN DICH ANFEUERT, DAS WEISS ICH. ABER MIR FÄLLT NICHTS EIN...

HM, WIE WÄR'S MIT: "KNALL IHM EINE REIN", ODER: "HAU IHM DEN BALL UM DIE OHREN!"

ODER: "ER KANN NICHT SCHLAGEN, WAS ER NICHT SIEHT!"

KANNST DU MIR WAS DAVON AUFSCHREIBEN? SONST VERGESS ICH'S WIEDER.

DANKE... DAMIT KRIEG ICH'S HIN...

ALSO... "WERFER, HAU IHM DEN BALL UM DIE OHREN!"

ÄH... "KNALL IHM EINE REIN!"

7-13-03

"ER KANN NICHT SCHLAGEN, WAS ER NICHT SIEHT! LOS, MIT VOLLER KRAFT, CHARLIE BROWN!"

❋SEUFZ❋

SCHULZ

144

DU WILLST MICH SPRECHEN, TEAMCHEF?

OH JA...

ICH FINDE, DIR FEHLT ETWAS ÜBUNG BEI HOHEN BÄLLEN, LUCY. DESHALB ÜBEN WIR JETZT ETWAS...

GEH RAUS AUFS FELD UND ICH SCHLAG DIR EIN PAAR HOHE. ICH BIN GESPANNT...

NA KOMM, GEH! SONST SCHLAG ICH, UND DU RENNST DEM BALL HINTERHER!

www.snoopy.com

© 1971 United Feature Syndicate, Inc.

ICH WARNE DICH... GLEICH SCHLAG ICH DEN BALL SO FEST UND SO WEIT, DASS DU FÜNFZIG MEILEN WEIT RENNEN MUSST!

© 1971 United Feature Syndicate, Inc.

8-17-03

NA LOS! BEWEG DICH! GEH RAUS AUFS FELD! ICH WERD KEINE SEKUNDE LÄNGER WARTEN!

RENN LIEBER LOS, DENN... JETZT SCHLAG ICH!

SCHULZ

146

HE, ICH HAB
DA EINE GENIALE
IDEE!

WIESO VERKAUFEN WIR NICHT UNSER TEAM UND
ZIEHEN IN EINE ANDERE STADT? JEDER TUT DAS!

WIR VERKAUFEN DAS GANZE TEAM
UND BAUEN WAS NEUES AUF!

NEIN... WIR BEHALTEN UNSER TEAM UND
VERKAUFEN NUR DICH!

3-24-02

www.snoopy.com

DIE NÄCHSTE GENIALE IDEE BEHALTE
ICH FÜR MICH!

NICHT STÖREN! BESPRECHUNG!

HEH, TEAMCHEF!

IST DIR EIGENTLICH KLAR, DASS DIE ZUSCHAUER GAR NICHT WISSEN, WAS WIR BESPRECHEN, WENN WIR HIER AUF DEM HÜGEL STEHEN?

SIE SEHEN NUR, WIE WIR MIT DEN ARMEN FUCHTELN.

ICH DEUTE ZUM AUSSENFELD, UND SIE DENKEN, ICH REDE ÜBER EINEN DER SPIELER DORT...

ODER WENN ICH ZWEI FINGER HOCHHALTE, DANN GLAUBEN SIE, DASS WIR ZWEI AUS HÄTTEN UND DEN NÄCHSTEN SCHLÄGER HOLEN...

KEIN ZUSCHAUER VERSTEHT, WAS ICH TATSÄCHLICH SAGE...

4-28-02

UND WAS SAGST DU TATSÄCHLICH?

DASS ICH DICH SÜSS FINDE!

ICH HALT'S NICHT AUS!

✳SEUFZ✳

♪

www.snoopy.com

HEH, TEAMCHEF!

OH NEIN...!

SOBALD ICH IHR "HEH, TEAMCHEF!" NUR HÖRE, KRIEG ICH MAGENWEH...

JA, MEIN GANZER MAGEN ZIEHT SICH ZUSAMMEN, WEIL ICH WEISS, DASS SIE JETZT MIT EINEM BLÖDEN VORSCHLAG KOMMT ODER MIT EINER SARKASTISCHEN BEMERKUNG ODER MIT EINER DUMMEN...

5-19-02

HEH, TEAMCHEF ICH WÜNSCHE DIR FÜR HEUTE VIEL GLÜCK.

WIE GEHT'S DEINEM MAGEN?!

SCHULZ

SCHLAG ZWEI!

SCHLAG DREI!

MIST!

ICH WERD NIE IN DER OBERLIGA SPIELEN! ICH SCHAFF DAS NICHT! MEIN LEBEN LANG HAB ICH VON DER OBERLIGA GETRÄUMT, ABER ICH BIN NICHT GUT GENUG...

DEIN PROBLEM IST... DU DENKST VIEL ZU WEIT, CHARLIE BROWN. DU SOLLTEST DIR NÄHERE ZIELE SETZEN...

7-7-02

NÄHERE ZIELE?

JA...

DENKE AN DEINEN WURF IM NÄCHSTEN DURCHGANG...

VERSUCH ZUM WERFERHÜGEL ZU LAUFEN, OHNE HINZUFALLEN!

MEHR MACHT
FÜR MICH!

AUF DEN MOMENT HAB ICH DEN GANZEN WINTER GEWARTET...

ES IST EIN BESONDERES GEFÜHL, WENN MAN IM FRÜHJAHR ZUM ERSTEN MAL AUF DEN HÜGEL STEIGT...

ES GIBT DIR EIN GEFÜHL VON MACHT, HM, CHARLIE BROWN?

3-18-01

NEIN, ES IST MEHR EIN GEFÜHL VON... HM, SCHWER ZU BESCHREIBEN...

ICH GLAUBE, ES IST EIN GEFÜHL VON MACHT...

NEIN... EHER EIN GEFÜHL DES NEUANFANGS. SCHLIESSLICH BEGINNT EINE NEUE SAISON UND EIN NEUES SPIEL... JA, SO WAS FÜHLE ICH...

NICHT MACHT?

ES IST AUCH DAS GEFÜHL, TEIL EINER TRADITION ZU SEIN.

ALSO ICH GLAUBE, MAN SPÜRT EIN GEFÜHL VON MACHT.

www.snoopy.com

HMM... ICH DENKE, DAS MUSS MAN SELBST ERLEBEN...

OH, DARF ICH MAL, CHARLIE BROWN?

© 1973 United Feature Syndicate, Inc.

OH JA... JETZT VERSTEHE ICH, WAS DU GEMEINT HAST!

MAN HAT EIN GEFÜHL VON MACHT!

✳SEUFZ✳

SCHULZ

HEH! WIE WÄR'S MIT EINEM GRUNDBALL?

UND EIN FLUGBALL? SCHLAGT MIR EINEN FLUGBALL!

BONK!

WAS HABT IHR SONST NOCH SO DRAUF?

7-29-01

MACHT MICH NUR FERTIG. WEN KÜMMERT'S?

OH NEIN!

HIER, MARCIE... DU DARFST DIESES JAHR IM INNENFELD SPIELEN!

ICH SPIEL KEIN BASEBALL, SIR!

ABER DU HAST EINE MENGE TALENT!

ICH HASSE ES, SIR!

WIESO GEHST DU NICHT RAUS AUFS FELD, MARCIE, UND DANN LEGST DU EINFACH MAL LOS...

DAS WIRD NICHTS, SIR. ICH HASSE BASEBALL!

DENK DARAN, MARCIE... GEWINNEN IST ALLES, VERLIEREN DIE HÖLLE!

FIND ICH NICHT, SIR. GEWINNEN FIND ICH NICHT SO WICHTIG...

www.snoopy.com

OKAY, EIN TOLLER FLUGBALL! RENN LOS, MARCIE... UND DANN ZURÜCK DAMIT!

ICH WILL ABER GAR NICHT RENNEN UND DEN BALL ZURÜCKWERFEN...

4-2-00

ICH SPIELE KEIN BASEBALL, SIR!!

DU BIST STAMMSPIELER! GLÜCKWUNSCH!

© 1974 United Feature Syndicate, Inc.

ABER NUR WEIL ICH TEAMCHEF BIN, BRAUCHST DU MICH NICHT "SIR" ZU NENNEN!

JA, SIR... ♯SEUFZ♯

SCHULZ

WAS ICH AN BASEBALL NICHT SO MAG, IST DER MANCHMAL WEITE WEG!

SIND WIR HIER ÜBERHAUPT RICHTIG?

WIE WEIT NOCH, CHARLIE BROWN?

NUR NOCH ZWEI ODER DREI BLOCKS.

ICH HASSE AUSWÄRTSSPIELE!

DA SIND SIE, SIR!

HALLO, CHUCK! SCHÖN, DASS IHR DA SEID!

www.snoopy.com

WIR FREUEN UNS, DASS IHR ZUM ERSTEN SPIEL DER SAISON ZU UNS GEKOMMEN SEID...

OH, DANKE!

www.snoopy.com

WIESO WÄRMT IHR EUCH NICHT ERST ETWAS AUF? DANN BEGINNEN WIR DAS SPIEL.

GUT, ICH SCHLAGE FLUGBÄLLE...

4-9-00

WAS WAR **DAS** DENN, LUCY? IM SPIEL MUSS DAS ABER BESSER LAUFEN.

WAS ERWARTEST DU? ICH LEIDE AN JETLAG!

HMM...

IRGENDWAS FEHLT. WEISST DU WAS, CHUCK?

4-16-00

DAS IST UNSER ERSTES SAISONSPIEL, UND WIR HABEN KEINE ERÖFFNUNGSZEREMONIE...

ICH HAB MAL EIN SPIEL IM FERNSEHEN GESEHEN. DA HABEN SIE EINEN RIESENSCHWARM TAUBEN FREIGELASSEN... UND DANN SIND DIE TAUBEN IN GROSSEN KREISEN UM DAS STADION GEFLOGEN...

OH, KEIN PROBLEM... ÖFFNE DEN KÄFIG, SNOOPY...

DAS IST NICHT GANZ DAS GLEICHE, CHUCK!

www.snoopy.com

WIR SIND DIE GASTMANNSCHAFT, CHUCK.
IHR SCHLAGT ALSO ZUERST...

OKAY, SNOOPY. DU
BIST UNSER ERSTER
SCHLAGMANN! LEG LOS...

KONZENTRIER
DICH! PEPPER-
MINT PATTY
WIRFT GUT!

OKAY, DER ERSTE
WURF DER SAISON!
AUFGEPASST...!

BONK!!

WAS SOLL **DAS** DENN? DU
MASSAKRIERST MEINEN BESTEN
SPIELER!

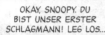

WAR KEINE ABSICHT, CHUCK...
ER STAND EBEN IRGENDWIE
SO KOMISCH IM WEG RUM...

VERGISS ES! WIR
GEHEN NACH
HAUSE!

DU KANNST
DAS SPIEL NICHT
ABBRECHEN!

WENN IHR NACH
HAUSE GEHT,
HABT IHR DAS
SPIEL VERLOREN!

GEGEN CHUCK
DURCH ABBRUCH
ZU GEWINNEN, IST DIE
GRÖSSTE SCHANDE,
DIE MAN SICH VOR-
STELLEN KANN!

BRECHEN WIR
DEN ABBRUCH
AB, SIR...

NENN
MICH NICHT
"SIR"!

4-23-00

© 1974 United Feature Syndicate, Inc.

www.snoopy.com

157

WIRF CHARLIE BROWN!

PFEFFER IHM EINE REIN!

POW!

6-18-00

WEISST DU WAS, CHARLIE BROWN? EINE DEINER SOCKEN FLOG BIS AUF DEN SPIELFELDZAUN!

DAS MUSS SO EINE ART REKORD SEIN... VIELLEICHT DER LÄNGSTE SOCKENFLUG ALLER ZEITEN? ODER EINFACH... SOCKENWEITFLUGREKORD? ODER DER SOCKEN-SUPERFLUG...

... ODER DIE SOCKE, DIE WEITER FLOG ALS JEDE ANDERE SOCKE AUF DER WELT?

WIESO GEHST DU NICHT EINFACH INS INNENFELD, WO DU HINGEHÖRST?!!

UM DIESE JAHRESZEIT WERDEN TEAMCHEFS IMMER SO ZÄNKISCH.

ALLE
BESPRECHUNGEN
AUF DEM HÜGEL
WURDEN BIS
AUF WEITERES
VERTAGT

WIRF
SCHON,
CHARLIE
BROWN!

NANU? WIRFST DU IHM
ETWA EINEN FLUGBALL?

DAS LASS MAL LIEBER SEIN!
EIN KNÖCHELBALL IST ANGESAGT.
EIN KNÖCHELBALL WIRD
IHN FERTIGMACHEN!

© 1974 United Feature Syndicate, Inc.

?!

LEG DEINE FINGER SO...
UND SO... UM DEN BALL.
MIT **DEM** KNÖCHELBALL
MACHST DU IHN FERTIG!

7-09-00

© 1974 United Feature Syndicate, Inc.

UND JETZT NOCH
EIN KÜSSCHEN AUF
JEDEN FINGER... ♥♥
DAS BRINGT
DIR GLÜCK!

UND NOCH EIN EXTRA-KÜSSCHEN
AUF DEN DAUMEN! ♥

♥ ♥
SCHMATZ!

WENN DU NICHT INS INNENFELD
GEHST, WO DU HINGEHÖRST,
BRECH ICH DIR BEIDE ARME!!

ER ENTSCHULDIGT
SICH, WENN DER
KNÖCHELBALL DEN
KERL FERTIGMACHT.

WIESO KANN ICH KEIN NORMALES TEAM HABEN WIE JEDER ANDERE?

WAR GLÜCK!

OKAY, CHARLIE BROWN, LEG DEN FETTSACK LAHM!

MACHT NICHTS... ABER JETZT DIE BOHNENSTANGE!

HEH, EIERKOPF! DU SCHAFFST DAS EH NICHT!

HEH, AFFENHIRN! KANNST DU ÜBERHAUPT SPIELEN?

WIR HABEN VERLOREN... UND, ÄH, EINIGE IHRER SPIELER WOLLEN MIT DIR REDEN!

SPIELER? WELCHE SPIELER?

7-13

FETTSACK, BOHNENSTANGE, EIERKOPF UND AFFENHIRN...

ICH GLAUB, ICH GEH MAL NACH HAUSE...

SCHULZ

FRAG IHN SELBST...

NEIN, RERUN!

WIESO NICHT?

DU KANNST NICHT MITSPIELEN, WEIL DU ZU JUNG UND ZU KLEIN BIST!

DAS IST DISKRIMINIERUNG!

MAG SEIN. ABER SO IST DAS EBEN.

UND WAS IST DAMIT?

© 1997 United Feature Syndicate, Inc.

WAS IST WOMIT?

ICH HAB HIER EINEN GERICHTSBESCHLUSS, DASS ICH SPIELEN DARF

8-24

VOM GERICHT?

ICH GEHE INS INNENFELD.

WO HAT ER BLOSS EINEN GERICHTSBESCHLUSS HER...?

MAMA WOLLTE IMMER, DASS ICH ANWALT WERDE...

www.unitedmedia.com

NA, WIE SIEHT UNSER SPIELFELD DIESES JAHR AUS, CHARLIE BROWN?

2-15

ICH FINDE, UNSER PLATZWART MACHT SEINE ARBEIT GUT...

DAS INNENFELD SIEHT PRIMA AUS, UND DAS GRAS VOM AUSSENFELD WAR NOCH NIE BESSER...

ICH GLAUBE, DAS KOMMT VON DER NEUEN AUTOMATISCHEN SPRINKLERANLAGE...

MADAME LUCY
SIEHT EURE ZUKUNFT

ICH HAB WAS ENTDECKT, TEAMCHEF! WENN ICH DIESEN BALL ANSTARRE, SEHE ICH DIE ZUKUNFT!

ICH KONZENTRIERE MICH AUF DEN BALL UND SEHE ALLE SPIELE, DIE WIR NOCH SPIELEN WERDEN...

ICH SEHE, DASS DU EIN GROSSARTIGER WERFER WIRST...

3-15

ICH SEHE, WIE UNSER TEAM VIELE MEISTERSCHAFTEN GEWINNT! ICH SEHE...

ICH UNTERBRECHE DICH NUR UNGERN... ABER WÄHREND DU DAS ALLES SIEHST, HAT ES IHR LÄUFER ZUR ERSTEN BASIS GESCHAFFT!

ICH SEHE EINE GROSSE ZUKUNFT FÜR DICH, JUNGE!

VIEL GLÜCK!

RERUN! WAS TUST DU DENN HIER?

ICH SPIELE IM AUSSENFELD. LUCY KANN HEUTE NICHT, UND ICH BIN IHR ERSATZ...

MACH DIR KEINE SORGEN... SIE GAB MIR IHRE MÜTZE UND DEN HANDSCHUH UND HAT MIR ALLES ÜBER DAS SPIEL BEIGEBRACHT...

SIE SAGTE, ICH WÜSSTE NUN ALLES, WAS MAN WISSEN MUSS...

JETZT PFEFFER IHM ENDLICH EINE REIN, DU KLOTZKOPF!

6-14

WIE SCHÖN, DASS SIE IHM ALLES BEIGEBRACHT HAT...

SCHULZ

167

HEH, TEAMCHEF...

WAS IST?

FRAG DEINEN FÄNGER, OB ER NACH DEM SPIEL ZU UNS KOMMEN WILL. ES GIBT LIMONADE...

SIE WILL WISSEN, OB DU NACH DEM SPIEL ZU IHR KOMMEN WILLST. ES GIBT LIMONADE...

SAG IHR, DASS ICH NICHT ZU IHR KÄME, SELBST WENN ES SAMMELKARTEN, TAUSEND-DOLLAR-SCHEINE UND SCHOKOPLÄTZCHEN GÄBE.

ER SAGT...

WIRKLICH NICHT?

7-12

ES IST SCHRECKLICH, KLEIN ZU SEIN.

⅍ SEUFZ ⅍

NUR WEIL ICH KLEIN BIN, SAGEN SIE, DASS ICH NICHT MITSPIELEN DARF..

SOUVENIR!

GUT, RERUN, NUN WIRF IHN HER...

DER GEHÖRT NUN MIR! EIN SOUVENIR!

© 1998 United Feature Syndicate, Inc.

IHM NACH! ER HAT UNSEREN EINZIGEN BALL! HALTET IHN! SO HALTET IHN DOCH AUF!

7-26

www.snoopy.com

WIRD DIE UNTERSUCHUNGSHAFT ANGERECHNET?

OH NEIN!

AU WEIA!

VERLOREN!

SCHON WIEDER!

ICH HALT DAS EINFACH NICHT MEHR AUS!

MIST!

8-2

DABEI BIN ICH EIN GUTER VERLIERER! EIN SO GUTER, DASS ICH DIE GANZE ZEIT VERLIERE!

ICH HALT'S NICHT AUS!

SCHULZ

LOS, WIRF!

SEHR GUT! JETZT RENN!

ICH BIN ZWAR ZU JUNG ZUM SPIELEN, ABER ICH KANN JA ZUSCHAUEN.

UND JEMAND SAGTE... WENN MAN EINEN BALL FINDET, DER INS AUS GING, KRIEGT MAN WAS AM GETRÄNKESTAND...

BALL IM AUS! BALL IM AUS! ICH HOL IHN! ICH HOL IHN!

8-23

www.snoopy.com

HIER IST ER! HIER IST DER BALL!

WILLKOMMEN AM GETRÄNKESTAND.

WER BIN ICH? ICH BIN DER TEAMCHEF

OKAY, VERSUCHT EINEN LAUF!

WAS IST DAS?

EISWASSER! WENN WIR DIE MEISTERSCHAFT GEWINNEN, SCHÜTTEN WIR ES DEM TEAMCHEF ÜBER DEN KOPF!

ICH HAB DAS MAL BEIM FOOTBALL GESEHEN...

ABER WIR GEWINNEN NIE EINE MEISTERSCHAFT... NICHT MAL EIN SPIEL!

NA UND? ICH KANN NICHT EWIG WARTEN...

JA SPINNST DU DENN? CHARLIE BROWN WIRD DICH FÜR DEN REST DEINES LEBENS HASSEN!

EIN SIEG?!

ICH HAB IHN!

DER GEHÖRT MIR!
ICH HAB IHN!

ICH HAB IHN!

WER BIST DU?

9-12

ICH BIN DER
FÄNGER.

AH, RICHTIG.
HALLO.

www.snoopy.com

UND WAS IST MIT
DEM BALL?

DEM
WAS?

BONK!

ICH GLAUBE, ICH GEHE
NACH HAUSE, FÜTTERE
MEINEN HUND, ESSE WAS
LEICHTES UND GEHE
FRÜH INS BETT...

PEANUTS

WINTERZEIT

Text und Zeichnungen · Charles M. Schulz
Übersetzung · Reinhard Schweizer
Lettering · Lucia Truccone

DU HÄTTEST SCHON IMMER WAS GEGEN MEINE FREUNDE, HM?

1-11-04

DER WELTBERÜHMTE
EISLÄUFER TRAINIERT FÜR
DIE MEISTERSCHAFT IN
SLOWENIEN...

ER ÜBERDENKT SEINEN
TERMINPLAN... ER NIMMT DEN
FLUG AM 27. FEBRUAR...

... KOMMT MORGENS IN ZÜRICH
AN UND FLIEGT WEITER NACH
ZAGREB...

... VON ZAGREB GEHT
ES PER BUS NACH
LJUBLJANA...

AM SONNTAG MORGEN
ERWACHT ER GUT AUSGERUHT
IN LJUBLJANA...

... GENEHMIGT SICH EIN
REICHHALTIGES MAHL
AM FRÜHSTÜCKSBUFFET,
UND DANN...

GEH VOM EIS RUNTER,
DU BLÖDER BEAGLE!

DER WELTBERÜHMTE EISLÄUFER
BLEIBT ZU HAUSE UND SCHAUT
ES SICH IM FERNSEHEN AN...

ICH HAB GERADE ETWAS BESCHLOSSEN, LUCY... NÄMLICH DASS ICH NÄCHSTES JAHR EINIGES ÄNDERN WERDE!

ALLES, WAS ICH ÄNDERN WERDE, HAB ICH HIER AUFGESCHRIEBEN! ICH WERDE EIN BESSERER MENSCH!

ICH NICHT, CHARLIE BROWN... ICH WERDE DAS NÄCHSTE JAHR DAMIT VERBRINGEN, DIE VERGANGENHEIT ZU BEREUEN...

ICH WERDE FEHLER BEDAUERN... VERPASSTEN CHANCEN NACHWEINEN...

"VERGISS DIE ZUKUNFT"... "BEREUE DIE VERGANGENHEIT"... JA, SO WERD ICH'S HALTEN.

OH WEH... WIE SEHR ICH DIE VERGANGENHEIT BEREUE... MIR KOMMEN GLEICH DIE TRÄNEN...

WIESO HAB ICH DIESES GETAN... WIESO JENES? OH, ICH BEREUE ALLES!

WELCH EIN BEDAUERN! WELCH NAGENDER SCHMERZ! WELCH...

※ SEUFZ ※

AU WEIA!
ICH KANN NICHT MEHR
AUFSTEHEN!

ICH BIN HILFLOS...
WIE EINE SCHILDKRÖTE
AUF DEM RÜCKEN!
ICH BIN VERLOREN!

... UND SIE HAT MIR ERZÄHLT, WIE SIE
FLASCHENDREHEN SPIELTEN. SIE SASSEN IM KREIS,
UND IN DER MITTE LAG EINE MILCHFLASCHE...

DER, DER DRAN
WAR, DREHTE
DIE FLASCHE...
UNGEFÄHR SO...

UND WENN DIE FLASCHE
AUFHÖRT SICH ZU DREHEN,
DANN SCHAUT MAN, AUF
WEN SIE ZEIGT...

ICH FRAG MICH,
AUF WEN ICH JETZT
WOHL ZEIGE...

GÄHN!

Z

12-28-03

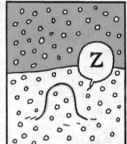

Z

© 1971 United Feature Syndicate, Inc.

Z

Z

Z

ES SCHNARCHT DRAUSSEN.

1-13-02

www.snoopy.com

187

DA KOMMT SIE...

OKAY, CHUCK, ES KANN LOSGEHEN. WER SPIELT WO...?

ALSO... DORT IST DER ANSPIELPUNKT... DU UND ICH SIND IM MITTELFELD...

LINUS UND SCHRÖDER AUF DER AUSSENBAHN...

ES GEHT DARUM, DEN PUCK ZWISCHEN DIE BEIDEN SCHNEEHÄUFCHEN ZU SCHIESSEN... AM TORWART VORBEI...

© 1972 United Feature Syndicate, Inc.

WER IST DER TORWART?

DER MIT DEM GANZKÖRPERSCHUTZ...

1-27-02

MANCHE FREUNDSCHAFTEN HABEN EINFACH KEINE ZUKUNFT...

2-17-02

www.snoopy.com

SCHULZ

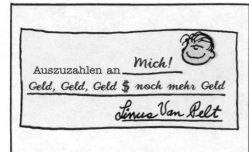

Auszuzahlen an _Mich!_
Geld, Geld, Geld $ noch mehr Geld

Linus Van Pelt

HAH!! SCHAU MAL!

ES SCHNEIT... UND ICH BIN **BEREIT!**

ICH WERDE DER ERSTE SEIN, DER HIER DEN SCHNEE WEGSCHAUFELT...

ICH WERDE DIE GEHWEGE UND EINFAHRTEN DER GANZEN NACHBARSCHAFT FREISCHAUFELN...

WIRD DAS VIEL EIN-BRINGEN?

ICH WERD EINE **MENGE** GELD VERDIENEN! ABER DU DENKST, ICH WERD ES GLEICH WIEDER AUSGEBEN? WERD ICH NICHT!

WAHRSCHEINLICH ZAHLE ICH ALLES AUF EIN SPARKONTO EIN, UND DANN KANN ICH VON DEN ZINSEN LEBEN! ODER ICH SCHLIESSE EINE KAPITALLEBENSVERSICHERUNG AB MIT DER OPTION AUF EINE LEIBRENTE... ODER ICH GEHE AN DIE BÖRSE UND INVESTIERE IN AKTIEN ODER...

11·24·02

... ODER ICH... ICH...

ICH HAB MAL GELESEN, DASS ABRAHAM LINCOLN SEINE HAUSAUFGABEN MIT EINEM STÜCK KOHLE AUF EINE SCHAUFEL SCHRIEB...

VER-GISS ES!

NUN, ICH GLAUBE, DA KANN ICH DICH BERUHIGEN, WOODSTOCK.

EIN SCHNEESTURM ENTSTEHT NICHT DADURCH, DASS MAN EINEN SCHNEEMANN TRITT!

BEIM GROSSEN INTERNATIONALEN EISHOCKEYTURNIER LAUFEN DIE SPIELER AUFS EIS...

UND HIER KOMMEN DIE UNPARTEIISCHEN.

DER SCHIEDS-RICHTER.

DIE LINIENRICHTER.

DIE PUNKTRICHTER UND STRAFBANKBETREUER.

DER TORRICHTER UND SPIELZEITNEHMER.

WAS EIN KLEINES PROBLEM ERGIBT...

WO STELLEN WIR DIE ORGEL FÜR DIE NATIONALHYMNE HIN?

11-25-01

WENN ER NOCH EINE SEILBAHN
UND EIN GIPFELRESTAURANT
BAUT, GEHE ICH!

NICHTS SAGEN... LASST MICH RATEN... ES HAT IN DER NACHT GESCHNEIT!

AU WEIA... WOODSTOCK! WIE MAG ES WOHL WOODSTOCK GEHEN?

DER ARME WEISS DOCH GAR NICHT, WIE MAN SICH BEI SOLCHEN NOTFÄLLEN VERHÄLT...

11-26-00

WAHRSCHEINLICH IST ER EINGESCHNEIT ODER STEIFGEFROREN ODER...

SOVIEL SCHNEE...!

WO IST SNOOPY?

DRAUSSEN.

DRAUSSEN?!

DER ARME HUND GANZ ALLEIN DRAUSSEN IM SCHNEE! WAS ER WOHL GERADE DENKT?

DER TAPFERE REVOLUTIONSSOLDAT BEWACHT DAS LAGER VON GEORGE WASHINGTON...

1-5-97

SCHULZ

197

"LIEBE MUTTER. ICH FRIERE ERBÄRMLICH..."

ENDLICH HÖRT ES AUF ZU SCHNEIEN...

DER WELTBERÜHMTE REVOLUTIONSSOLDAT HÄLT VOR SEINEM LAGER WACHE...

SAGT GENERAL WASHINGTON, EINER SEINER MÄNNER WILL IHN SPRECHEN.

JA, SIR... ICH HÄTTE EINEN VORSCHLAG...

SIE HABEN VIELLEICHT BEMERKT, DASS SEHR VIEL SCHNEE LIEGT...

© 1997 United Feature Syndicate, Inc.

1-12

ICH DACHTE MIR, WIR BAUEN EINE EISLAUFBAHN... WIR KÖNNTEN EINE HOCKEYMANNSCHAFT ZUSAMMENSTELLEN...

ODER WIR GRÜNDEN VIELLEICHT EINEN EISKUNSTLAUF-CLUB...

DA KÖNNTEN AUCH DIE MÄDELS AUS DER STADT MITMACHEN UND..

ICH WOLLTE IHM NOCH SAGEN, DASS ER DEN EISPOLIERER FAHREN DARF..

SCHULZ

PENG!

WOMP

RACHE KENNT OFT KEINE GRENZEN!

DER WELTBERÜHMTE REVOLUTIONSSOLDAT BEWACHT GEWISSENHAFT SEIN LAGER...

PLÖTZLICH ERFÄHRT ER, DASS GENERAL WASHINGTON IHN SPRECHEN WILL...

FEUER MACHEN? JA, SIR... KEIN PROBLEM...

WENN MAN ES ERST MAL ENTFACHT HAT, IST DER REST EINFACH...

✳ SEUFZ ✳

MEINE SCHÖNEN COMIC-HEFTE...

11-23

SCHULZ

IRGENDWIE HABE ICH DAS GEFÜHL, DASS JEMAND GERADE EINEN SCHNEEBALL NACH MIR WIRFT.

WENN DIESER SCHNEEBALL MICH TRIFFT, WIRD DIESE PERSON ES FÜR DEN REST IHRES LEBENS BEREUEN.

12-14-97

SEHR VERNÜNFTIG.

EIN IGLU.
WIE NETT!

ES IST **KEIN** IGLU?
WAS IST ES DANN?

EIN BEAGLU?

12-28-97

WIESO
NENNST DU ES
BEAGLU?

NEIN, ICH FINDE
NICHT, DASS ES
WIE MEINE NASE
AUSSIEHT.

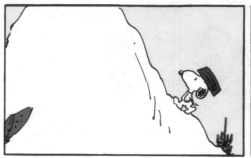

PASS
AUF!

AU
WEIA!

DU HÄTTEST NICHT
SCHREIEN SOLLEN. DAS
MACHT MICH NERVÖS.

1-4-98

© 1998 United Feature Syndicate, Inc.

1-11

FLOHMARKT?

WO...?

ICH SEH IHN NICHT.

HIER IST DER WELTBERÜHMTE REVOLUTIONSSOLDAT...

GUT, ICH HAB VERSPROCHEN, DASS ICH ES IHM SAGE...

11-22

ABER ER WIRD KAUM AUF MICH HÖREN.

JA, SIR... ICH MÖCHTE BITTE ZU GENERAL WASHINGTON...

ABER SIR, ES IST EIN WIRKLICHES PROBLEM...

JA, GENERAL, VERSTEHE...

ICH WUSSTE, DASS ER NICHT DARAUF EINGEHT.

DABEI SAGTE ICH NUR: "SIR, WIR VERLIEREN DAUERND UNSERE TISCHTENNISBÄLLE IM SCHNEE!"

SCHULZ

WIEDER DAS GLEICHE...

WAS TU ICH HIER?

"LIEBE MAMA. ICH SCHREIBE DIR AUS VALLEY FORGE. ES IST SEHR KALT HIER..."

"IN EINIGEN MINUTEN MUSS ICH WACHE SCHIEBEN. ICH SCHREIBE DIR SPÄTER MEHR."

WENN MICH JEMAND FRAGTE, WAS ICH HIER TUE... WAS WÜRDE ICH WOHL ANT-WORTEN...?

12-13

HM, ICH GLAUBE, ICH WEISS ES...

SCHNEE BE-WACHEN.

SCHULZ

206

12-27

© 1998 United Feature Syndicate, Inc.

NOCH MAL?

SCHULZ

WOLLTEST DU NICHT EINEN SCHNEEMANN BAUEN...?

ES GAB DA GEWISSE HINDER-NISSE.

DIE HANDBREMSE
WAR NICHT
ANGEZOGEN...

12-5

SCHULZ

PEANUTS

WOODSTOCK UND DIE ANDEREN

Text und Zeichnungen · Charles M. Schulz
Übersetzung · Reinhard Schweizer
Lettering · Lucia Truccone

NEULICH IST MIR DA WAS PASSIERT...

DIE BLÖDE KATZE AUS DER NACHBARSCHAFT KAM UND..

ALSO DIE KATZE KAM UND..

ALSO AUF JEDEN FALL...

2-29-04

VERGISS ES!

MAN KANN NICHT MIT IHM REDEN, WENN ES WINDIG IST.

WO BLEIBT ER? ER WEISS, DASS WIR EIN SPIEL HABEN...

3 28 04

© 1970 United Feature Syndicate, Inc.

WIRKLICH?

WIE NETT... ICH HOFFE, ES WIRD SCHÖN...

ICH HÄTTE WAS SAGEN SOLLEN. DENN ICH WEISS JA, WAS PASSIERT...

ES IST MUTTERTAG, UND WOODSTOCK FLIEGT NACH HAUSE, UM SEINE FAMILIE ZU BESUCHEN. ABER ES IST KEINER MEHR DA...

ICH VERSTEHE VÖGEL NICHT.

SCHNÜFF

215

6-29-03

© 1971 United Feature Syndicate, Inc.

DIE SCHLECHTESTE
LANDUNG, DIE ICH JE
GESEHEN HAB.

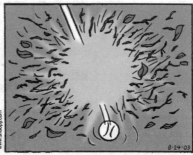

DAS ENTSCHEIDENDE SPIEL DER EISHOCKEY-LIGA BEGINNT...

AHH! DIREKT AUFS SCHIENBEIN!

AU! ARRH! AU!

DUMMKOPF! DU WUSSTEST, DASS ICH KEINE SCHONER ANHAB!

AU! AUA! AAH! AH!! AUUU!

NUN MUSS ICH WIEDER EINE STUNDE IM WHIRLPOOL SITZEN...

KICK!

UFF!

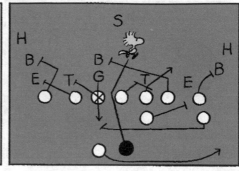

OB DAS JETZT SO SINNVOLL WAR...?

MAN SOLLTE NICHT ERST ZEHN MINUTEN VOR EINER PARTY TANZEN LERNEN.

SCHAU MAL, WOODSTOCK... EINE MENGE NEUER ZUSCHRIFTEN...

Rat für Hundebesitzer

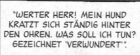

"WERTER HERR! MEIN HUND KRATZT SICH STÄNDIG HINTER DEN OHREN. WAS SOLL ICH TUN? GEZEICHNET 'VERWUNDERT'".

Geehrter Verwundert. Ich bin verwundert, wie man so dumm sein kann. Bringen Sie ihren Hund sofort zum Tierarzt!

"WERTER HERR, ICH HABE DREI WELPEN, DEREN GELENKE GESCHWOLLEN SIND... WAS MAG DAFÜR DIE URSACHE SEIN UND WAS KANN MAN DAGEGEN TUN? GEZEICHNET 'HUNDEBESITZER'".

Geehrter Hundebesitzer. Wieso sammeln Sie nicht lieber Steine? Um Hunde zu besitzen, sind Sie nämlich zu blöd. Rufen Sie sofort den Tierarzt an.

9 22 02

"WERTER HERR, MEIN HUND HAT HUSTEN. WAS SOLL ICH TUN? GEZEICHNET 'VERWIRRT'".

Geehrter Verwirrt. Sie sind nicht verwirrt, sondern dämlich. Bringen Sie ihren Hund sofort zum Tierarzt, bevor ich ihnen eins auf die Nase gebe!"

ICH SCHREIBE EINE STRENGE KOLUMNE.

"FURCHT VOR HERBSTLAUB"...
WENN WIR ZU HAUSE SIND, MUSS
ICH DAS NACHSCHLAGEN...

227

Flatter

HALLO, FEDERBALL.

WOODSTOCK HASST DEN NAMEN "FEDERBALL".

HIHI HIHI HIHI HIHI HIHI!

BANANEN-NASE?!

HIHI HIHI HIHI HIHI HIHI HIHI!

BELASSEN WIR'S BEIM UNENTSCHIEDEN...

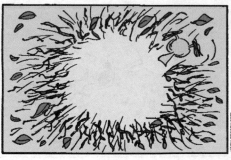

 JA, SIR.

 WENN DIR NICHT GUT IST, MEINTE DER TIERARZT, SOLL ICH ERST MAL FIEBER MESSEN...

 8-5-01

 SELTSAM... DEINE TEMPERATUR IST SOGAR EHER ZU NIEDRIG...

 VERSTEH ICH NICHT.

 DA HATTE JEMAND KALTE FÜSSE.

232

© 1973 United Feature Syndicate, Inc.

www.snoopy.com

BÄÄH.

ES IST NIE GUT, DEN GEGNER ZU PROVOZIEREN.

BONK!

9/16/01

BONK

BONK

BONK

KEINE AHNUNG,
WAS MEIN MITTEL-
FELDSPIELER HAT...
ER KLAGT STÄNDIG
ÜBER KOPFWEH...

MAN NENNT ES DAS ERNTEDANKFEST...

DIE MENSCHEN BESUCHEN SICH, BRATEN DIESEN VOGEL UND...

PLUPP!

© 1973 United Feature Syndicate, Inc.

OH NEIN, MEIN KLEINER FREUND, KEINE SORGE. DICH WIRD KEINER BRATEN!

WENN DAS EINER VERSUCHEN WÜRDE... WEISST DU, WAS DANN PASSIERT?

11-18-01

BONK!

ER KRIEGT EINS AUF DIE NASE!

www.snoopy.com

WAS WAR DAS SCHON WIEDER?

SCHULZ

DER
MANNSCHAFTS-
ARZT EILT AUFS
SPIELFELD UM
ERSTE HILFE
ZU LEISTEN...

HMM...

EIN
GEWÖHNLICHER
FALL VON HYPO-
NATREMIE.

ER BRAUCHT
NUR ETWAS
WASSER UND
EIN WENIG
SALZ...

"ES GIBT KEINEN GRUND, AM MUTTERTAG ZUM NEST ZURÜCKZUKOMMEN... SO ETWAS TUN WIR VÖGEL NICHT!"

5-14-00

"WENN DU EINMAL FLÜGGE GEWORDEN BIST, DANN WAR ES DAS, KLEINER VOGEL! FLIEG WEITER! DIE WELT GEHÖRT DIR!"

SEUFZ

WAS FÜR EINE SCHARFSINNIGE MUTTER!

ER NENNT ES "BOMBE".
ICH EHER "BAUCH-
KLATSCHER".

STOSS!

11-12 00

WIE UNFAIR! FOUL! FOUL!

EIGENTLICH WAR ES EIN KORREKTER BODYCHECK. ABER DAS GIBT MAN NIE ZU.

HI
HIHI
HI
HIHI!

12-3-00

ICH MUSS
DOCH SEHR
BITTEN...

MEIN HALS-
BAND FÄRBT
NICHT AUFS
FELL AB.

WIE ICH SCHON MAL SAGTE...
NIMM NIE EINE ABKÜRZUNG
AUF EINEM MINIGOLFPLATZ...

KLAR, VÖGEL KÖNNEN FLIEGEN.

WAS IST DARAN SO TOLL?

HUNDE KÖNNEN DAFÜR VIELES, WAS VÖGEL NICHT KÖNNEN.

ETWA BELLEN.

© 1997 United Feature Syndicate, Inc.

5-25

WUFF!

START-
KLAR?

© 1998 United Feature Syndicate, Inc.

3-29

TJA, WENN TESTPILOT
NICHTS FÜR DICH IST,
KANNST DU IMMER
NOCH EINEN BÜROJOB
ANNEHMEN...

248

BIST DU WACH?

JETZT JA.

ICH HAB EINE IDEE...

ACH JA?

WIESO HOLST DU UNS BEIDEN NICHT EIN EIS?

ALSO GUT. MACH ICH...

8-16

DANKE. HAT ABER LANGE GEDAUERT...

ES GAB EINE LANGE SCHLANGE...

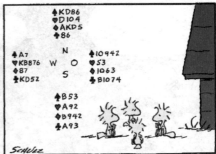

GUT...
ZWEI DAMEN,
EIN AS...

TUT MIR LEID,
MÄNNER. WIR
SPIELEN SPÄTER
WEITER...

FLIEGER-AS SNOOPY ZUM
RAPPORT, MON CAPITAINE.

JA, SIR... ALLES GING SCHIEF.
ICH FRAGE MICH, WAS ICH WOHL
FALSCH GEMACHT HABE...

ER SAGTE, ICH HÄTTE DIE
KREUZ-DAME AUSSPIELEN
SOLLEN...

Diese Sonntags-Strips stammen aus den Jahren 1970-1974 und 1997-1999.